Ratgeber für Liebhaber und Sammler

SPIELZEUG

aus dem 20. Jahrhundert

Ratgeber für Liebhaber und Sammler

SPIELZEUG

aus dem 20. Jahrhundert

James Opie

Duncan Chilcott · Julia Harris

KARL MÜLLER VERLAG

Übertragung aus dem Englischen: Dieter Krumbach
Lektorat: Redaktionsbüro Krumbach

ISBN 3-86070-431-1

INHALT

EINFÜHRUNG

Das Sammeln von Spielsachen ist heute ein allgemein akzeptiertes Hobby und wird nicht mehr – wie in früheren Jahrzehnten – als die „Schrulle" einiger weniger Erwachsener angesehen. Ob Sie nun systematisch eine Sammlung aufbauen oder nur interessante Einzelstücke zusammentragen – beides macht Spaß.

Spielsachen sind ein lohnendes Beschäftigungsfeld für die ganze Familie. Neben dem Unterhaltungswert hat speziell der Umgang mit altem Spielzeug auch erzieherische Qualitäten. Kein Wunder also, daß viele Erwachsene die Sammelleidenschaft ihrer Kinderzeit in späteren Jahren wieder aufgreifen.

Natürlich sammeln Frauen eher Puppen, während sich Männer lieber mit Zinnsoldaten oder Modelleisenbahnen beschäftigen. Durch altes Spielzeug können wir uns in die Tage der Kindheit zurückversetzen. Wir fühlen nochmals die „Wärme" des Elternhauses, in dem wir mit unseren Spielsachen glücklich waren. Andererseits können wir uns heute Wünsche erfüllen, die damals unerreichbar schienen.

Selbst bedeutende Persönlichkeiten stehen zu ihrer Leidenschaft für Spielzeug. Winston Churchill und Robert Louis Stevenson schrieben über ihre Zinnsoldaten und Königin Victorias Puppensammlung war legendär. Immer mehr wird durch erwachsene Sammler vorzügliche Qualität gefordert. Anläßlich der Empire Exhibition to Queen Mary 1974 beschloß man zum Beispiel ein riesiges, luxuriös ausgestattetes Puppenhaus zu bauen, das wirklich alles „Notwendige" im Miniaturformat enthielt – so auch Spielsachen für die Puppenkinder!

Dieses Buch bietet Ihnen einen informativen Überblick über lohnenswerte Sammelgebiete im Bereich der Spielsachen. Eine kurze Übersicht über die Entwicklung der Spielzeugindustrie verdeutlicht, weshalb heute in erster Linie die Produkte der letzten hundert Jahre gesammelt werden: Erst in unserem Jahrhundert wurden Spielsachen wirklich für alle Schichten zur Selbstverständlichkeit und sind in entsprechend großen Mengen erhältlich. Meist beschränken sich Sammler auf ein bestimmtes Spezialgebiet. Ein besonderer Reiz dieses Buches liegt darin, die jeweiligen Gebiete miteinander in Verbindung zu bringen sowie die Gemeinsamkeiten aufzuzeigen. Das faszinierende Thema Spielzeug bringt selbst bei oberflächlicher Betrachtung immer wieder neue Erkenntnisse.

Sammler behaupten meistens, ihr Hobby bringe Spaß, Erkenntnisse und auch Profit – und zwar in der genannten Reihenfolge. Selbst wenn auch ein Laie nicht in Spielzeug investieren würde, das eines Tages höhere Preise erzielen könnte, lassen sich leider noch zu viele Sammler nur von diesem Gedanken leiten.

Rechts: *Sehnsüchtige Kindheitserinnerungen werden beim Anblick einer Spielzeugsammlung wachgerufen. Wie war das doch schön damals zu Weihnachten unterm Christbaum oder als wir mit plattgedrückter Nase am Schaufenster vor einer wunderschönen Puppe oder Modelleisenbahn standen...*

MOTOR CA
CONSTRUCTO
FINE GROCERIES
F C C A

Oben: *Die beliebtesten, auch in diesem Buch ausführlich behandelten Sammelgebiete sind Puppen, Teddybären, Modellautos und -eisenbahnen sowie Soldaten und sonstige Spielfiguren.*

DIE SPIELZEUG-REVOLUTION

Spielen ist zweifellos die wichtigste Aktivität der Kindheit. Lernen war immer schon eine ernste Angelegenheit: Das kindliche Gemüt lernt durch die Erziehung, sich auf die Notwendigkeiten des Lebens zu konzentrieren. Spielen dagegen ist der freie Ausdruck des sich entwickelnden Intellekts, es vermittelt die wunderbare Erkenntnis, daß man seine Umgebung langsam in den Griff bekommt und verstehen lernt. Auch Spielen ist bekanntlich eine Art von Lernen, die neben den gegebenen sachlichen Informationen (wie funktionieren die Dinge?) auch Sozialverhalten und persönliche Entwicklung steuert.

In diesem Sinne sind Spielsachen gewissermaßen die Werkzeuge des Lernprozesses. Früher wurden die meisten Spielsachen zu Hause selbst hergestellt. Holz, Ton und Blei waren die ersten Materialien in den Manufakturen. Goldschmiede machten Spielzeug für die reiche Oberschicht. Jeder Entwicklungsschub in der industriellen Revolution brachte billigere Massenprodukte in die Kinderzimmer. Im Laufe der Zeit konnten sich auch einfache Leute gefertigte Spielsachen leisten. Die verstärkte Vermarktung in Geschäften und Versandhandlungen trug zu deren Verbreitung bei. Schon um 1900 gab es Kataloge, die in ihrer Ausführlichkeit auch heute nichts zu wünschen übrig lassen würden.

In unserem Jahrhundert änderten sich die Spielzeugtypen und die Bedürfnisse der Kinder stark. Der Katalog eines englischen Warenhauses enthielt 1913 eine bunte Fülle von allem, was der Besitzer in den vier Himmelsrichtungen zusammentragen konnte. Ein großer Weihnachtskatalog nannte auf insgesamt 156 Seiten folgendes: 25 Seiten Modelleisenbahnen, 9 Seiten dampfbetriebene Spielzeuge, 13 Seiten Modelle, 16 Seiten Radiobaukästen, 3 Seiten Chemie-Experimentierkästen, 14 Seiten Schiffe, 6 Seiten Flugzeuge, 11 Seiten Blechspielzeug, 6 Seiten Soldaten, 5 Seiten Kleidung, 3 Seiten Musikinstrumente, 7 Seiten Kindergarten-Spielzeug wie Perlen und Webarbeiten, 7 Seiten Bausätze, 1 Seite Theater, 4 Seiten Steifftiere, 2 Seiten sonstige Plüschtiere, 12 Seiten Puppen und Puppenhäuser sowie 12 Seiten Fahrzeuge in größerem Maßstab, auf denen die Kinder selber fahren konnten, und Schaukelpferde.

Von den heute gesammelten Bereichen sind also besonders Puppen in diesem Katalog vertreten, ebenso Steifftiere. Allerdings finden sich noch keine Teddybären darunter. Blechspielzeug ist in vielen Varianten zu finden, ebenso Zinnsoldaten und Soldaten aus sonstigen Materialien, darunter besonders deutsche Modelle. Teile aus Gußeisen sind ebenfalls schon gebräuchlich. Beliebte Figuren als Spielzeuge waren im ersten Viertel des Jahrhunderts im genannten Katalog noch unbekannt.

Zu Beginn unseres Jahrhunderts kamen die meisten Spielsachen aus Deutschland, doch auch in Großbritannien gab es Produzenten wie William Britains oder Meccano. Mit dem Ersten Weltkrieg und seinen Verwüstungen verlor Deutschland die führende Position in der europäischen Spielzeugherstellung.

Was finden wir heute in einem vergleichbaren Weihnachtskatalog? Zunächst fällt auf, daß die meisten Gegenstände aus Plastik hergestellt sind. Metall, Holz und Papier sind längst nicht mehr so stark vertreten. Spielsachen aus diesen Materialien sind auch entsprechend teuer, dafür aber qualitativ hochwertiger. Der Katalog eines großen englischen Anbieters enthält 37 Seiten Autos, 3 Seiten Rennbahnen, 1 Seite Musikspielzeuge, 4 Seiten Kindergarten-Bedarf, 3 Seiten Lego, 1 Seite Stoffpuppen, 8 Seiten Puppen und Puppenhäuser, 4 Seiten Fahrzeuge, 5 Seiten Phantasie- und Action-Puppen sowie 8 Seiten Babypuppen.

Trotz der fast 80 Jahre, die zwischen beiden Katalogen liegen, ähneln sich die Grundthemen stark. Puppen – wie die in den letzten beiden Generationen so beliebte Barbie – haben lediglich andere Namen und Formen erhalten. Blechspielzeug wurde durch Guß

Unten: *Die Arche Noah. Ein typisches Beispiel von etwa 1900 umfaßte eine riesige Menge von Tierpaaren, die ebenso wie das Schiff aus Holz geschnitzt waren. In Metall gegossene Zootiere wurden erst in den 30er Jahren populär. Bis dahin waren biblische Szenen der beliebteste Rahmen für Zusammenstellungen der gesamten Tierwelt. Phillips, London.*

Oben: *Beim Anblick solcher wertvollen Steiff-Teddys, Puppen und der Bing-Eisenbahn mußte jedes Kinderherz höher schlagen. Alle dargestellten Objekte wechselten 1986 bei einer Auktion die Besitzer.*

und Plastik ersetzt. Die Modelleisenbahnen sind aus dem allgemeinen Sortiment verschwunden und auf einen eigenen Markt ausgewichen. Aus den Soldaten wurden Action-Figuren wie Raumfahrer oder Supermen. Die Unterschiede zwischen früher und heute liegen hauptsächlich im Material und in der Verarbeitung sowie im Einfluß der Massenmedien, besonders des Fernsehens, auf das Spielverhalten: Nach bestimmten Serien werden bestimmte Spielfiguren konzipiert.

Plastik ist heute zum beliebtesten Material für Spielzeug avanciert. Seit zwei Generationen hat das äußerst populäre Lego die Baukästen früherer Zeiten nahezu vollständig verdrängt. Besonders für kleine Kinder, die gerne an ihrem Spielzeug kauen und nuckeln, haben die ungefährlichen, farbenfrohen Plastikteile das Spielen wirklich sicherer gemacht. Selbst bemalte Teile sind jetzt ungefährlich, da die Farben auf Plastikbasis im Gegensatz zu früher völlig ungiftig sind.

Ein immer wieder angestebtes Ziel der Spielzeughersteller ist die naturgetreue Abbildung. Ein Modell wirklich realitätsnah umzusetzen, erfordert weitaus mehr Mühe als eine ungenaue Imitation. Deshalb wird die Qualität von Modellen oft daran gemessen, wie echt sie aussehen. Auch hier hat das einfach zu formende Plastik einen großen Vorteil gegenüber den früher verwendeten, technisch viel schwerer zu handhabenden Materialien. So wurden Modelle und Modellbaukästen aus Plastik ab den 40er Jahren immer beliebter. Dennoch sind die Plastikmodelle nur fürs Auge gemacht. Ein echtes Metallautomodell, wenn auch etwas plumper, fühlt sich zum Beispiel eher wie ein wirkliches Fahrzeug an. Zusätzlich zu den einfachen Gestaltungsmöglichkeiten bestechen die Plastikmodelle durch ihre absoluten Spottpreise, so daß sie sich immer mehr durchsetzen.

DER EINFLUSS DES FERNSEHENS

Das Fernsehen stellt die zweite grundlegende Herausforderung an die Spielzeugindustrie. Seit in diesem Medium auch Werbung betrieben wird, haben sich Markenspielzeuge Spitzen-Verkaufszahlen in fast traumhafter Höhe erobert. Immer wieder werden Kinder angesprochen und auf den letzten Schrei hin-

Oben: *Noch unerfahrene Sammler finden auf Auktionen die beste Gelegenheit, die Sammelobjekte in natura zu studieren und Expertenmeinungen zu hören.*

Rechts: *Diese sehr detailgetreu ausgestalteten Soldaten – Kavallerie und ein Fußsoldat mit Trompete – sind ausgezeichnet erhalten.*

gewiesen. Sie können sich ebensowenig wie die Erwachsenen den Zwängen der modernen Konsumgesellschaft entziehen. Außerdem bietet das Fernsehen einen unerschöpflichen Fundus an beliebten Figuren, die auch als Spielfiguren Absatz finden. Der Markt entwickelt sich mit enormer Geschwindigkeit, und mittlerweile sind die Fernseh-Figuren ein eigenes Sammelgebiet.

Die Werbung im Fernsehen, Lizenzen zum Verkauf von Serienhelden und sonstigen Figuren in Verbindung mit den billigen Produktionsmöglichkeiten großer Mengen in Plastik und Guß erfordern Kapital. Kleinere Produzenten sind dagegen einer immensen Konkurrenz ausgesetzt. Die Spielzeugindustrie ist bekannt für ihre Abhängigkeit von Moden. Was dieses Jahr geht, ist im nächsten nicht mehr gefragt. Heute wird der Markt beherrscht von wenigen großen, internationalen Firmen sowie einigen weniger kapitalkräftigen Neueinsteigern. Die aktuellen Trends und Richtungen in der Spielwaren-Branche werden uns alljährlich zeitgleich mit der Nürnberger Spielwarenmesse durch die Medien vorgestellt.

DER WELTMARKT

Einige große und bekannte Firmen, die sich abwechselnd rühmten, die weltgrößten Spielzeughersteller zu sein, sind mittlerweile liquidiert oder von anderen geschluckt worden. Dazu gehören Meccano, Louis Marx, Lines Brothers, Lesney, Fisher-Price, Mettoy und Britains. Andere wie Märklin, Lehmann, Solido, Mattel,

Oben: *Kriegsspiele für James Bond. Wie viele andere wurde dieses Spielzeug schon ursprünglich für Erwachsene konzipiert. Die Figuren sind deshalb so beliebt, weil sie in einem James-Bond-Film zu sehen waren.*

Lego und Kenner-Parker halten weiterhin Spitzenplätze inne und sind in den Spielzeugläden der ganzen Welt vertreten. Die Spielzeugindustrie ist sowohl ein internationaler Wirtschaftszweig als auch ein Devisenbringer für Länder der Dritten Welt oder aufstrebende Wirtschaftsnationen – besonders in Südostasien.

Da die Sammler natürlich in erster Linie an Spielzeug interessiert sind, das sie aus ihrer eigenen Kindheit kennen, werden in den meisten Ländern vorwiegend einheimische Produkte gesucht, ausländische dagegen finden kaum Interessenten. In diesem Buch sehen Sie Spielzeug aus vielen Ländern, so daß sich ein Überblick über die Gesamtsituation und die Geschichte der Spielzeugindustrie ganz von selbst ergibt.

SPIELZEUGSAMMELN ALS HOBBY

Neben ihren optischen Reizen und der Befriedigung nostalgischer Gefühle haben Spielsachen einem Erwachsenen noch mehr zu bieten. Wirklichkeitsgetreue Modelle von Menschen und Gegenständen des täglichen Lebens haben Kinder schon immer fasziniert. Auch Erwachsene sind hier nicht ausgenommen. Die meisten Spielsachen, die heute gesammelt werden, gehören in diesen Themenbereich. Alle diese Nachbildungen von echter oder erdachter Wirklichkeit spiegeln unsere Interessen wider und regen unsere Phantasie an.

Viele Sammlungen finden im Wohnzimmer Platz. Spielsachen sind meist klein, einfach zu handhaben und aufzubewahren. Wenn man die Dinge spielbereit ausstellt, hat man noch mehr Spaß an der Sammlung. Keinesfalls sollte eine Spielzeugsammlung wie ein Museum wirken.

Um die Sammlung wirklich zu verstehen, ist ein wenig Forschergeist nötig: Wer entwarf die Sachen, wer träumte von ihnen, was sollten sie bewirken, wie und mit welchem Erfolg wurden sie vermarktet? Als Ergänzung zur Sammlung empfiehlt sich das Sammeln

Oben: *Eine mittelalterliche Szene von Ping. Die Firma wollte nicht wirklich Spielzeug für Kinder herstellen, sondern schuf besonders vom Mittelalter inspirierte historische Modelle für Erwachsene. Die Übergänge zwischen echten Spielfiguren und Modellen, die man nur anschaut, sind fließend. Auch die abgebildeten Modelle laden mit ihren satten Farben und lebhaften Formen zum Spielen ein. Eines dieser selten auftauchenden Modelle kostet umgerechnet etwa zwischen 50 und 200 DM. Phillips, London.*

Rechts: *Ein frühes Spielzeugauto der Firma Hess in Nürnberg. Diese Modelle sind wegen ihres ausgeklügelten Schwungrad-Antriebs sehr gesucht. Beachten Sie auch die Feinheit der Aufdrucke. Etwa 1908, 22 cm Länge.*

von Hersteller- und Firmenkatalogen. Alle Spielzeughersteller strebten danach mit interessanterem und attraktivem Spielzeug ein Vermögen zu verdienen. Je größer der Erfolg war, desto eher sind die Sachen heute wieder gefragt. Doch auch „groteske Mißerfolge" können sich als interessant erweisen. Spielzeug ist von künstlerischem Interesse, wenn es Kindern und Erwachsenen gefällt, sicher in der Handhabung ist und schließlich noch zu akzeptablen Preisen verkauft wird. Manche Hersteller sind von realistischen Gegenständen zu verzerrten, billigen, komischen oder phantastischen Gestalten abgewichen. Andere Produkte

Oben: *Die winterlich eingekleideten Skifahrer sind eine seltene Variante des immer wiederkehrenden Themas Spielzeugsoldaten. Alle feinen, zerbrechlichen Details sind noch erhalten.*

wurden wiederum zu ausgefeilt für Kinder oder zu schauerlich für den Geschmack der Erwachsenen.

Kinder lassen sich meist von Quantitiät eher als von Qualität überzeugen. Billiges Spielzeug im Taschengeld-Bereich ist dementsprechend groß und spielerisch wenig attraktiv. In großen Spielwarengeschäften finden sich aber auch genügend Qualitätsprodukte für den Weihnachtseinkauf der Eltern. Erfolg haben letztendlich nur Spielsachen, die die Kinder wirklich beschäftigen und die nicht nur zum Anschauen gedacht sind.

In früheren Jahren schienen Jungen mehr Spielzeug zu brauchen als Mädchen – vielleicht, weil Mädchen eher für Hausarbeiten herangezogen wurden und sich bereits früh für das Erwachsenenleben interessierten. In den schon erwähnten Katalogen von 1913 fanden sich neben 92 Seiten mit Jungen-Spielzeug nur 19 Seiten mit mädchenspezifischen Angeboten. 45 Seiten waren für beide Geschlechter gedacht. 1989 dagegen sind neben 21 allgemeinen Seiten 6 speziell für Jungen und 10 nur für Mädchen enthalten.

WELCHES SPIELZEUG IST SAMMELWÜRDIG?

Die Auswahl an sammelwürdigen Spielzeugen und Modellen ist nahezu unbegrenzt. Es gibt unendlich viele Spezialgebiete. Citroën zum Beispiel stellte Spielzeugmodelle seiner Wagen her, um die kleinen Käufer bereits als potentielle spätere Kunden zu gewinnen. Kinder sind besonders begeisterte Sammler. Die Produzenten von Spielsachen, die man sammeln konnte, unterstützten dieses Verhalten. Erst die Menge machte das Spielen so richtig schön. Der moderne Sammler fängt also am besten mit einem Gebiet an, das bereits ursprünglich für die Kinder zum Sammeln gedacht war – zum Beispiel Zinnsoldaten oder Modellauto-Serien.

Ansonsten ist generell jeder Bereich sinnvoll, innerhalb dessen man sich bewegt, wie zum Beispiel ein bestimmter Hersteller, eine Geschichte, ein Herstellungsprozeß oder ein bestimmter thematischer Schwerpunkt. Dabei sollten Sie zunächst überlegen, wieviel Geld und auch Zeit Sie in die Sammlung zu investieren bereit sind. Einige Hinweise finden Sie auf den Seiten 84-92.

Die einzelnen Entwicklungsphasen – von den ersten Modellen bis zum aktuellen Stand – können auch das besondere Interesse des Sammlers wecken. Ähnlich kann er auch durch ein Spezialthema angesprochen werden. Oft wird Wert auf eine „vollständige“ Sammlung gelegt. Dies bedeutet aber, daß man mit Zeit und Forschergeist zunächst herausfinden muß, welche Teile eine komplette Sammlung überhaupt beinhaltet.

Metallautos sind sehr günstig, weil es meist jährliche Kataloge gab. Die Tücke liegt hier mehr in winzigen Veränderungen wie neuen Farben oder anderen Reifen. So existieren beispielsweise fünf Modelle des Lesney-Matchbox-London Bus No. 5 – oder gar sieben, wenn man die verschiedenen Werbeaufdrucke mitzählt.

Die Geschichte besonderer Spielzeuge ist oft von einem „Run" geprägt. Sie sind eine Zeitlang so beliebt, daß der Hersteller mit der Produktion nicht mehr nachkommt und jedes Kind das Spielzeug unbedingt haben will. Solche „Renner" unterlaufen alle Vorplanungen und Werbestrategien, ferner verleiteten sie viele Hersteller zu einer allzugroßen Ausweitung ihrer

Unten: *Die weltberühmte Barbiepuppe der Firma Mattel in großer Abendrobe. Ständig wurde sie mit neuen Kleiderkollektionen ausgerüstet, um dem wechselnden Modegeschmack Rechnung zu tragen.*

Oben: *Der Roboter Robbie wurde von der japanischen Firma Nomura Toys um 1956 auf den Markt gebracht. Länge 32,5 cm.*

Kapazitäten – meist genau dann, wenn die Spielzeuge plötzlich nicht mehr gefragt sind.

Manch wertvolles Spielzeug, das im Rummel um eine aktuelle Mode untergingen, ist heute ein gesuchtes Sammelobjekt. Anderes dagegen fand weder früher noch jetzt seinen Liebhaber.
Tatsächlich scheint das heute attraktivste Spielzeug morgen auch das beliebteste Sammelobjekt zu werden.

Viele Hersteller vertreiben mittlerweile Neuauflagen ihrer beliebtesten Modelle in limitierten Editionen. Diese sind ausschließlich auf den Sammelmarkt ausgerichtet. Wenn die Originale früher wirklich beliebt waren, dann erzielen auch die Neuauflagen meist sehr gute Preise.

PUPPEN

Unsere einst heißgeliebten Puppenkinder – heute sind sie ein Objekt für ernsthafte Sammler und erzielen auf Auktionen teilweise astronomische Preise.

Für den angehenden Puppensammler ist es sehr wichtig, einen ausgeprägten Geschmack und ein gutes Auge zu entwickeln. Versuchen Sie Ihre Sammlung mehr nach Aspekten der Qualität als nach Quantität zusammenzustellen. Bei der unüberschaubaren Auswahl auf dem Puppen-Markt können Sie sich gut spezialisieren. Entweder auf bestimmte Typen von Puppen oder auf bestimmte Materialien: Porzellan, Stoff, Zelluloid, Vinyl und Holz sind oft verwendete Ausgangsstoffe, die teilweise auch kombiniert wurden. Jedes einzelne Material ist für sich genommen schon ein interessantes Sammelgebiet.

Nach wie vor sind wohl die Porzellanpuppen mit ihrer erstaunlich guten Haltbarkeit unter Sammlern am beliebtesten. Frühe Zelluloidpuppen erzielen mittlerweile ebenfalls gute Preise auf Auktionen – besonders Stücke von vor 1925. Doch unter den empfindlichen Puppenköpfen hat kaum einer in wirklich gutem Zustand die Zeiten überdauert.Wenn Sie die Sammlung in erster Linie als Geldanlage verstehen, wählen Sie erstklassige Porzellanpuppen von vor 1930, zum Beispiel der Firmen Kämmer & Reinhardt, Simon & Halbig, Kestner, Gbr. Heubach, Baer Proschild, Kley & Hahn oder Bruno Schmidt. Einzelne Kopfformen dieser Firmen sind besonders rar und lohnen den Kauf auf jeden Fall.

Bei der Gestaltung unterscheidet man meist zwei Vorgehensweisen. Sogenannte Charakterpuppen werden nach echten Köpfen modelliert. Die Puppen der französischen Firma S.F.B.J. (Société de Fabrication des Bébés et Jouets) sind sehr selten und erzielen entsprechend hohe Preise. Der Kauf lohnt sich in jedem Fall. Besonders im deutschen Raum gehören die Käthe-Kruse-Puppen mit ihren reizenden Gesichtchen und kindgerechten Formen sowie äußerst sorgfältig gearbeiteter Bekleidung zu den beliebtesten Sammelobjekten. Sie werden nach wie vor hergestellt und sind in zahlreichen Publikationen dokumentiert. Da die altmodisch ausgestatteten Puppen bei Erwachsenen so außerordentlich beliebt sind, stellen mittlerweile viele Produzenten Charakter- oder Künstlerpuppen her, die schon im Neuzustand sehr teuer sind. Dies ist bedingt durch die aufwendige Handarbeit (Bemalung, Aufziehen der Perücken, Nähen der Kleider und so weiter) und natürlich durch die entsprechende Nachfrage. Viele Sammler beschäftigen sich heute ausschließlich mit solchen neuen Puppen.

Bedenken Sie, daß die Qualität jedes einzelnen Puppen-Exemplars, auch innerhalb einer Form und in nebeneinanderliegenden Produktionsnummern, stark variieren kann – je nach Brand und Geschick bei der Bemalung. Schon die kleinsten Fehler wie bräunliche Flecken, kleine Sprünge in der Glasur, unebene Oberfläche oder ungleichmäßige Bemalung vermindern den Wert einer Porzellanpuppe um mindestens ein Drittel. Sonstige Schäden wie Haarrisse, abgebrochene Stellen (Ohrläppchen sind besonders anfällig) oder Beschädigungen durch abgerissene Perücken reduzieren den Preis der Puppen je nach Größe des Schadens vergleichsweise stark. Im Durchschnitt kann man zwei Drittel vom ursprünglichen Wert abziehen.

Rechts: *Peter ist einer der heute beliebtesten und gesuchtesten Typen aus der Charakterpuppen-Serie von Kämmer & Reinhardt. Die versonnen blickenden Augen und feine Ausmodellierung lassen ihn sehr lebensecht aussehen. Dazu kommen gut funktionierende Kugelgelenke und ein dem Stil der Zeit angemessener Matrosenanzug (Wolle mit Baumwolle). Der Kopf stammt aus der deutschen Porzellanmanufaktur Simon & Halbig.*

H.M.S. ACTIVE.

Unten: *Dieser Charakterkopf wurde von Armand Marseille in Deutschland gefertigt. Die blauen Augen und der geschlossene Mund sollen wohl ein zufriedenes Kind charakterisieren. Das sehr fein modellierte Gesicht wurde nur in geringen Zahlen hergestellt und wird selten angeboten. Entsprechend erzielte ein 1989 bei Phillips in London verkauftes Modell umgerechnet über 8000 DM. Die Puppe ist 46 cm hoch und mit dem Firmenzeichen „AGM“ versehen.*

Rechts: *Ein etwas häufiger angebotenes, mit seinen blauen Augen und lachendem Mund nicht weniger reizendes Puppengesicht besitzt diese Babypuppe. Besonders interessant ist hier der sehr naturgetreu modellierte Körper mit Drehgelenken. Das Baby ist mit „K* R, Simon & Halbig 116/A“ bezeichnet und 38 cm groß. 1990 war es etwa 2800 DM wert und ist sicher eine Bereicherung jeder Sammlung.*

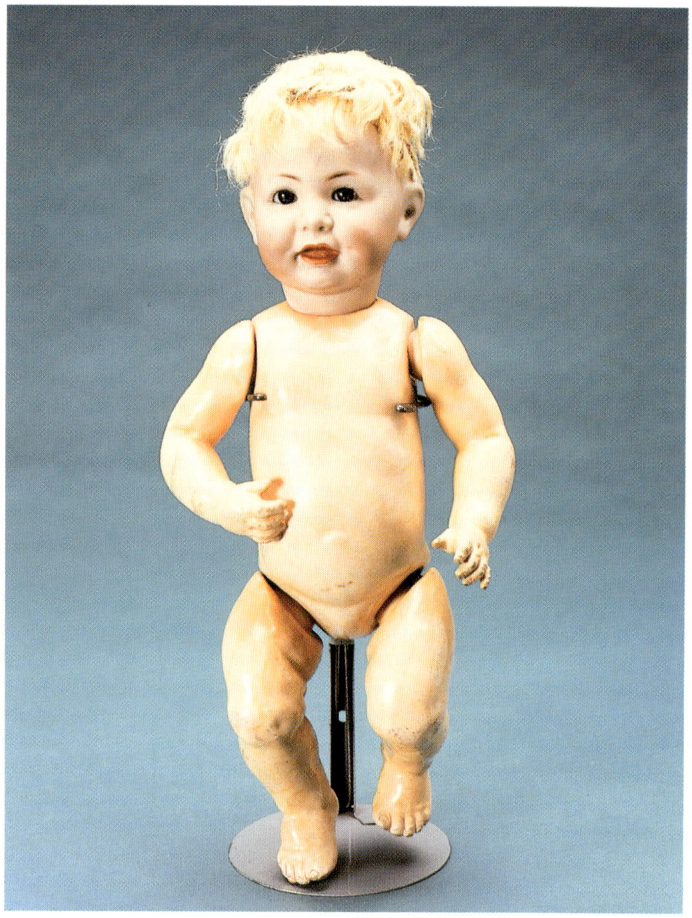

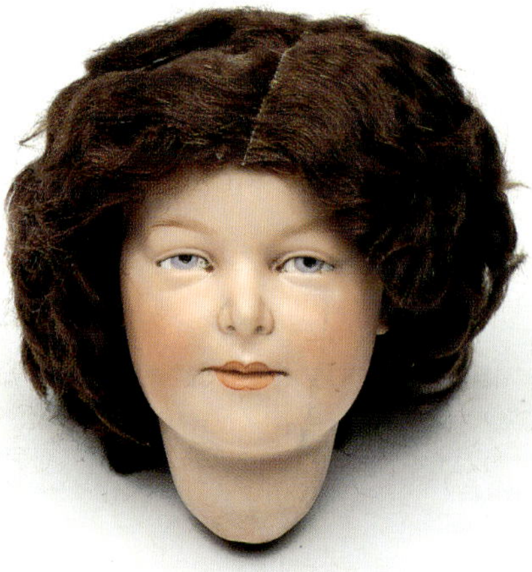

Oben: *Der herrlich fein modellierte Porzellankopf stammt von Simon & Halbig. Er wurde mit seinen braunen Augen, Ohrring-Löchern und sanft lächelndem Mund einem Frauenkopf nachgebildet. Das Porzellan ist blaß gefärbt und glatt. Der Kopf alleine erzielte auf einer Auktion 1990 etwa 1300 DM.*

Ganz kleine Risse an kaum sichtbaren Stellen oder kleine Sprünge an den Ohrring-Löchern sind dagegen weniger schlimm. Bei besonders seltenen oder interessanten Formen lohnt sich auch hier die Anschaffung, allerdings werden niemals Spitzenpreise erreicht. Untersuchen Sie eine Puppe, die Sie erwerben möchten, auch an den nicht offensichtlichen Stellen genau.

Auch die Art und Erhaltung des Puppenkörpers muß beim Schätzen des Preises berücksichtigt werden. Besonders beliebt sind im Moment Puppen aus Mischmasse (auch „Composition“ genannt) mit Drehgelenken, wie sie oft von Kämmer & Reinhardt produziert wurden, ebenso die hölzernen bzw. aus Holz zusammen mit anderen Materialien kombinierten französischen Kinderpuppen. Hier sind besonders die der Firmen Jumeau und S.F.B.J. gefragt, die durch exzellente Qualität bestechen. Ein beschädigter Körper macht die Puppe zwar weitaus weniger attraktiv, sie sollte aber nicht von vornherein liegengelassen werden. Sind alle Teile noch vorhanden, lassen sich die Körper von einem erfahrenen Restaurator oft gut reparieren.

Widmen Sie nicht nur dem Erwerb, sondern auch der Lagerung und Präsentation Ihrer Sammlung einige Mühe. Wenn Sie Puppen, gleich welcher Art, ausstellen, seien Sie immer vorsichtig! Die Objekte sollten in einer staubfreien Vitrine untergebracht werden und niemals direkter Sonneneinstrahlung ausgesetzt sein. Puppen mit Stoffkörpern stellen ein interessantes Sammelgebiet dar. Einige Exemplare der bekanntesten Hersteller dürfen in einer repräsentativen Sammlung

Oben: *Eine weitere Charakterpuppe von Kämmer & Reinhardt von etwa 1911. Der feine Porzellankopf ist mit „116/a 36“ beschriftet. Er ist mit offenem / geschlossenem Mund, blauen Augen und rötlichen Haaren vervollständigt. Bei Sotheby's wurde er 1989 für umgerechnet etwa 4400 DM verkauft.*

Links: *Dieses seltene Puppenmädchen von Kämmer & Reinhardt, um 1909, bezaubert durch seinen lächelnden Mund und die aufgemalten blauen Augen, die zur Seite blinzeln. Es ist mit „109 49“ bestempelt. Der Körper mit Kugelgelenken besteht teilweise aus Holz, der Kopf aus Porzellan, die rötlichen Zöpfe sind aus echtem Haar gefertigt. Gekleidet ist es mit weißem Baumwollkleidchen und Strohhut. Höhe 49 cm.*

nicht fehlen. Am oberen Ende der Preisskala liegen die wunderschönen Käthe-Kruse-Puppen. Kürzlich brachte eine dieser Kinderpuppen bei einer Auktion etwa 2500 DM ein. Preise in dieser Höhe sind mittlerweile schon eher der Durchschnitt. Ebenso beliebt sind die Filz-Charaktere von Steiff.

Bei Mischmasse-Körpern und Zelluloid gibt es weniger erstklassige Sammelobjekte. Weder in der Menge noch in der Qualität reichen sie an die Porzellanpuppen heran. Doch auch die besten Modelle in dieser Art sollten in keiner repräsentativen Sammlung fehlen. Kämmer & Reinhardt Zelluloid-Charakterköpfe steigen ständig im Preis.

PUPPEN BESTIMMEN

Wenn Sie eine Porzellanpuppe vor sich haben, bei der der Hersteller nicht bekannt ist, suchen Sie zunächst an der Rückseite des Kopfes nach Stempeln oder Aufdrucken. So läßt sich meist die Herkunft bestimmen, nicht jedoch das Alter der Puppe. Denn manche Formen wurden jahrelang ohne Änderungen weiterverwendet. Nur durch sorgfältiges Prüfen und die Hilfe der Fachleute in den entsprechenden Einrichtungen können Sie das genaue Alter herausfinden. Oft existieren auch Aufzeichnungen, in denen dokumentiert ist, welche Modelle in welcher Zeit patentiert und hergestellt wurden.

Generell sind jüngere Puppengesichter meist kräftiger rot eingefärbt und das Porzellan hat eine etwas gröbere Struktur als bei den frühen Modellen vom Beginn dieses Jahrhunderts. Aber nur durch Erfahrung im Umgang mit Puppen lassen sich wirklich einigermaßen präzise Datierungen vornehmen. Erst nach Jahren des Sammelns stellt sich das wirkliche Fachwissen ein. Fragen Sie im Zweifelsfall immer einen zweiten Gutachter oder Experten.

Leider werden dem unerfahrenen Sammler manchmal auch Fälschungen untergeschoben, die skrupellose oder schlecht informierte Verkäufer als „antik“ oder „original“ ausgeben. Niemand ist unfehlbar, auch einem erfahrenen Experten kann hier und da ein Fehler unterlaufen. Seien Sie daher immer sehr sorgfältig, wenn Sie ein mögliches Kaufobjekt untersuchen. Die genaue Kenntnis von Firmenzeichen sowie Stempeln ist äußerst wichtig, ebenso die Beachtung der Relation zwischen Kopf- und Körpergröße. Bedenken Sie, daß Abdrucke von einem Original bei der Fertigstellung leicht schrumpfen, also etwas kleiner als das Original sind. Schlechte bzw. plumpe Bemalung weist ebenfalls oft auf eine Nachbildung hin. Da die Handwerker in den Manufakturen beim Bemalen meist auf ein Merkmal spezialisiert waren (Augenbrauen, Lippen, Wimpern etc.), saß jeder Strich; Feinheit und Geschick sind heute noch zu erkennen. Oft sind echte alte Porzellanköpfe auf einem neuen Körper zu finden. Diese gelten noch als Originale, doch der Preis ist nicht so hoch wie bei einer vollständig erhaltenen Puppe.

Rechts: *Links sehen Sie eine Puppendame von Simon & Halbig. Diese spezielle Kopfform wurde mit den Körperformen einer Erwachsenen kombiniert. Durch die blauen Augen ist sie etwas beliebter als ähnliche Modelle mit braunen Augen. Der Kopf sitzt noch auf dem originalen Körper, der Wert betrug 1990 etwa 3800 DM. Die beiden anderen Modelle sind dagegen keine Charakterpuppen. Die mittlere ist eine sehr seltene Sprechpuppe (Fumeau Phonograph) von etwa 1895. Mit fünf Lionet-Walzen ausgerüstet, singt sie spanische Lieder. In ihrer originalen Verpackung wurde sie 1990 bei einer Auktion für umgerechnet etwa 12 000 DM ersteigert. Die rechte Puppe stammt aus Deutschland, kann aber keiner Manufaktur eindeutig zugerechnet werden. Sie ist recht ansprechend, aber an der Wangenbemalung leicht beschädigt. 1990 brachte sie etwa 750 DM.*

Oben: *Weitere Charakterpuppen von Kämmer & Reinhardt, um 1911, alle mit „115/A" markiert. 48 cm, 34 cm und 48 cm hoch. 1989 wurden sie bei Sotheby's für etwa 7500, 5000 und 9400 DM verkauft.*

Viele Puppen wurden direkt durch den Hersteller eingekleidet. Puppen im originalen und noch dazu gut erhaltenen Outfit sind am gesuchtesten – besonders, wenn zusätzlich die Originalverpackung vorhanden ist. Oft kann man nicht genau ausmachen, ob es sich um die ursprüngliche Kleidung handelt oder ob sie aus der Herstellungzeit der Puppe stammt. Manchmal werden die alten Kleider nachgeahmt. Wenn dabei wirklich alte Stoffe verwendet sind, ist das für den Laien kaum zu erkennen. Hier hilft nur der Vergleich mit bereits bekannten Exemplaren in Museen oder bei Auktionen. Auch das Studium von alten Katalogen oder Veröffentlichungen auf diesem Gebiet bringt weitreichende Erkenntnisse. Reproduktionen und Fälschungen bei Puppen aus anderem Material als Porzellan werden seltener angeboten, da die Puppen meist sowieso keine Spitzenpreise erzielen. Nur Papierpuppen, die mit Lithographien koloriert sind, findet man häufiger.

PUPPEN RESTAURIEREN

Soweit wie möglich sollte die Puppe immer im Originalzustand belassen werden. Die meisten heute noch erhaltenen Puppen wurden irgendwann im Laufe ihrer Existenz restauriert sowie oft mit neuen Haaren oder Kleidern versehen. Diese erneuerten Exemplare erreichen bei Auktionen keine so hohen Preise als gut erhaltener Puppen im Originalzustand. Leider wird das alte Outfit oft künstlich „modernisiert" – mit glänzenden Perücken, modernen, knalligen Kleidern, ersetzten Augen und Augenlidern oder neuer Gesichtsbemalung.

Restaurieren ist eine besondere Kunst, die man am besten erfahrenen Profis überläßt. Manchmal sind die Kosten dafür abschreckend teuer, doch wenn die in Frage kommende wertvolle Puppe ästhetisch an Wert gewinnt, lohnt sich eine Restaurierung.

Meist werden den Puppenköpfen die schlimmsten Verunstaltungen durch sog. „erfahrene Restaurateure"

Oben: *Zwei wunderschöne Kämmer & Reinhardt-Puppen von etwa 1909. Der Junge trägt die Nummer 101 43, das Mädchen 109 39, die Körper bestehen zum Teil aus Holz. 43 und 34 cm hoch. Beide wechselten 1989 bei Sotheby's für umgerechnet 5800 bzw. 11 500 DM den Besitzer.*

zugefügt. Jede Veränderung mindert den Wert der Puppe. Feine Risse oder kleine abgeschlagene Stellen können vorsichtig ausgebessert werden. Doch mit dem schöneren Aussehen steigt nicht der Wert. Überlassen Sie alle Veränderungen in jedem Fall einem erfahrenen Restaurator. Es gibt zahlreiche Puppenkliniken und Händler, die Ihnen weiterhelfen. Doch auch hier ist Vorsicht geboten, damit die Puppen nicht völlig neu dekoriert und falsch bemalt von einer Behandlung zurückkommen. Einfache Arbeiten wie vorsichtiges Säubern, Neuordnen der Haare und Kleiden können vom Sammler selber ausgeführt werden.

Auch für das Restaurieren von Puppen gibt es Kurse. Die praktische Anschauung ist meistens hilfreicher, als theoretisch in einem Buch die Arbeitsschritte nachzulesen. Beim Zusammenfügen beschädigter Gelenke sollten Sie unbedingt das richtige Gummiband verwenden und besonders am Hals dieses nicht allzu sehr straffen, da sonst der Puppenkopf leicht brechen kann. Beim Bestücken mit neuem Haar müssen sie wissen, ob die Puppe ursprünglich Mohair, Flachs oder echtes Menschenhaar trug. Keinesfalls sollten sie Acryl-Ersatz verwenden. Die meisten Händler bieten mehrere Perücken-Arten zur Auswahl. Ersatzkörper oder Körperteile passend zur Puppe sind bei Händlern erhältlich, manchmal auch als ganzes Sortiment auf Auktionen. Es ist besser, das passende Teil in alt zu suchen, als es durch ein neues zu ersetzen oder den ganzen Körper auszutauschen. Neue Bemalung ist nur nötig, wenn der Kopf wirklich sehr schlecht erhalten ist. Ein Kenner wird immer die Originalbemalung, sei sie auch beschädigt, vorziehen. Nach dem Kauf einer alten Puppe muß der Kopf meistens leicht gereinigt werden. Verwenden Sie dazu Baumwollwatte und milde Handseife. Nach dem Reinigen sind auch Porzellanschäden von schlichten Verunreinigungen zu unterscheiden.

Wenn Sie eine Puppe neu einkleiden wollen, finden Sie zuerst heraus, welchen Stil sie wohl bei ihrer Herstellung trug. Falls Sie keine Vorbilder in Museen entdecken können, gibt es entsprechende Publikationen. Es macht viel Spaß, die alten Puppen neu einzukleiden. Wenn die Schnitte stimmen und alte Stoffe zur Verfügung stehen, sind die Resultate zufriedenstellend. In Puppenläden und Zeitschriften finden Sie Schnitte, die beim Nähen helfen. Alte Stoffe bekommen Sie bei Spezialhändlern, die oft eine Restekiste ha-

Oben: *Dieses lustige Porzellanbaby mit Glasaugen von J.D. Kestner, um 1913, trägt die Aufschrift „O'Neill, JDK 10", ist 27 cm hoch und wurde 1989 für etwa 8800 DM bei Sotheby's versteigert.*

Oben: *Moritz, der Schlingel aus den Erzählungen von Wilhelm Busch, wurde von vielen Firmen produziert, darunter auch Kestner. Sein Haar ist aus Porzellan geformt und bemalt, die blauen Augen sind eingelegt. Der nicht besonders gute Körper wurde später passend eingekleidet. Trotz leichter Schäden erbrachte die Puppe etwa 4500 DM.*

Oben: *Hier sehen Sie ein typisches Produkt der französischen Firma S.F.B.J. aus dem ersten Viertel unseres Jahrhunderts. Die leicht nach oben gerichteten Augen sind typisch für diese Manufaktur. Die gut erhaltene Perücke und ansprechende Kleidung machen die Puppe zu einer lohnenden Anschaffung.*

ben und handgemachte Spitzen anbieten. Auch Auktionen sind manchmal sehr ergiebig. Originale alte Puppenkleider können Sie ebenfalls auf Auktionen erstehen. Gut erhaltene, hübsche alte Kleider haben natürlich ihren Preis. Will man Kleider restaurieren, erfordert das viel Fingerspitzengefühl. Vermeiden Sie unter allen Umständen scharfe Waschmittel.

Zahlreiche Publikationen zum Thema erlauben dem angehenden Sammler einen Überblick über die Geschichte einzelner Manufakturen, Typen von Puppen und die gesellschaftlichen Gegebenheiten, die bestimmte Puppen besonders beliebt werden ließen. In Spezialzeitschriften finden Sie nützliche Adressen von Händlern und Restauratoren sowie Termine für Treffen und Flohmärkte und jede Menge Informationen. Auch aktuelle Trends lassen sich hier ablesen. Spezielle Puppenmärkte sind die ideale Gelegenheit, alte Puppen zu erwerben.

Beobachten Sie den Auktionsmarkt, damit Sie aktuelle Tendenzen leicht erkennen und verstehen, warum manche Puppen sehr hohe Preise erzielen. Auf der ganzen Welt werden regelmäßige Verkäufe organisiert. Meistens zirkulieren illustrierte Kataloge vor dem Ereignis und enthalten Schätzungen. Bei Auktionen sind die Preise oft etwas niedriger als bei Spezialhändlern. Man hat manchmal Glück und erwischt ein sehr begehrtes Stück relativ günstig, weil man es noch ein bißchen herrichten muß. Bei der bunten Auswahl an unterschiedlich alten Puppen und Typen kann das Mitsteigern bei einer Auktion spannend sein. Wie auch immer, erwerben Sie Puppen nach ihrem persönlichen Geschmack und eigenen Vorlieben. Die Sammelstücke müssen Ihnen, ganz abgesehen vom Preis, auch gefallen! Der echte Sammler denkt beim Kaufen nicht an einen eventuellen späteren Gewinn, sondern an die Freude, die er selber mit dem Objekt hat.

Rechts: *Lenci-Puppen sind ein eigenes Sammelgebiet. Meist tragen sie den Firmennamen oder ein Kürzel auf der Fußsohle. Gut erhaltene Exemplare aus den ersten Jahren der Produktion bringen Preise von 250 DM aufwärts.*

PUPPENHÄUSER

Puppenhäuser wurden zum Spielen und Lernen für Kinder hergestellt. Doch auch das Sammlerherz sprechen sie als Abbilder der Wirklichkeit im Miniaturformat an, vermitteln sie doch Einblicke in die Geschichte und sind nicht zuletzt sehr dekorativ.

Das Puppenhaus kann auf eine lange Geschichte zurückblicken. Bereits in den letzten Jahrhunderten erhielten Töchter aus bürgerlichen und adeligen Familien Puppenhäuser mit nachgebildeten Einzelheiten eines richtigen Haushalts. Sie waren nicht in erster Linie zum Spielen gedacht, sondern sollten die Mädchen eigentlich in ihre zukünftigen Pflichten als Hausfrauen einweisen. Entsprechend wurden sie von den jungen Damen oft bis zur Heirat benutzt. Viele prunkvolle Beispiele finden Sie in Spielzeugmuseen. Die bekannteste Sammlung, die gleichzeitig die ganze Entwicklung dokumentiert besitzt das Germanische Nationalmuseum in Nürnberg.

Weniger begüterte Familien verschafften den Kindern oft zumindest ein Puppenzimmer im gleichen Miniaturformat, meist eine Puppenküche. Auch diese war oft mit wunderschönen Nachbildungen aller Haushalts- und Küchenutensilien ausgestattet.

Nur einzelne gute Puppenhäuser haben vom Anfang unseres Jahrhunderts bis heute überlebt. Deshalb sind die Preise entsprechend hoch anzusetzen. Als Sammler sollte man sorgfältig auswählen und auf die Qualität achten; dies erfordert sicherlich etwas mehr Zeit als für andere Sammelgebiete nötig wäre.

Der Bereich Puppenhäuser bietet dem Sammler viele Wahlmöglichkeiten. Auch Spezialisierungen sind möglich. Die meisten Sammlungen bewegen sich innerhalb eines bestimmten Materials (Holz, lithogra-

Oben: *Das mit Papier verkleidete hölzerne Puppenhaus mit zwei Stockwerken hat einen von vier Säulen getragenen Balkon. Es läßt sich öffnen und enthält vier Räume sowie ein Treppenhaus. Wand- und Bodenbeklebung sind original erhalten, ebenso die Kamine. 66 cm breit, von G.J. Lines um 1918 gefertigt, Preis zwischen 750 und 1000 DM.*

Oben links: *Ein großes, kunstvoll gefertigtes Puppenhaus von etwa 1900. Die Villa ist mit Papier mit aufgedruckten Ziegelmauern beklebt, alle architektonischen Details sind naturgetreu nachgebildet. Die Innentüren lassen sich öffnen. Wand- und Bodenverkleidungen sind original erhalten.*

Oben: *Dieses bemalte Holzmodell ist einem Schweizer Chalet nachempfunden. Das Dach ist rot gestrichen. Möbliert, 53 cm Breite, um 1920 in Deutschland gefertigt. Unter der Basis steht mit Bleistift die Zahl 5604. Preis zwischen 750 und 1300 DM.*

phiertes Papier auf Holz, lithographierter Karton etc.) oder kreisen um einen Hersteller (Lines, Triang, Schoenhut, Hacker etc.). Manche Sammler spezialisieren sich auf deutsche oder französische Einrichtungen, die besonders lohnenswert erscheinen, da sie sehr schön gesellschaftliche Formen und Erziehungsprinzipien widerspiegeln. Andere Liebhaber möchten alle Hersteller vertreten haben und so die ganze Geschichte der Puppenhäuser dokumentieren. Möbel und sonstige Einrichtungsgegenstände sind ein weites Betätigungsfeld. Ihr Vorteil liegt darin, daß sie auch bei beschränktem Platz leicht auszustellen sind. Heute werden wieder ausgezeichnete Möbelstücke von Handwerkern angefertigt. Regelmäßig finden auch entsprechende Flohmärkte statt.

Geschäfte im Puppen-Format sind besonders interessant, jedoch ziemlich selten. Besonders sammelnswert sind die der amerikanischen Firma Bliss und des britischen Herstellers Raphael Tuck.

Wie bei jedem Sammelhobby sind auch beim Schätzen eines Puppenhauses einige wichtige Faktoren zu bedenken. Dazu gehören Alter, Qualität der Konstruktion, Zustand, Hersteller, Detailtreue, dekorativer Wert und nicht zuletzt der Preis. Überdies muß das Puppenhaus die persönlichen Vorlieben des Käufers treffen.

Der Zustand ist sehr wichtig, besonders bei stilvoll eingerichteten Häusern oder Stücken bekannter Firmen. Prüfen Sie Haus und Mobiliar vor dem Kauf genau. Manchmal ist eine Restauration nicht mehr möglich. Nicht immer muß ein Haus restauriert werden.

Oben: *Dieses dreiteilige Mobiliar-Set von Walterhausen, bestehend aus einem Sekretär, Damenschreibtisch und Eßtisch sowie weiteren Gegenständen (unter anderem ein Gong) kostet zwischen 600 und 750 DM.*

Oft wirkt es in seinem „gebrauchten" Zustand, dem man das intensive Spiel noch ansieht, weitaus charmanter als ein fabrikneues Exemplar. Besonderheiten sollten gebührende Beachtung finden.

Es gibt zwar auch wunderschöne Häuser unbekannter Hersteller, die anzuschaffen sich in jedem Falle lohnt, doch meist sind die Häuser bestimmter Firmen wegen ihrer Qualität oder aus historischem Interesse besonders gesucht. Um hohe Preise zu rechtfertigen, muß sowohl das Äußere wie auch die Möblierung ori-

Ganz oben: *Batty Doll's House ist ein außerordentlich fein gearbeitetes Unikat. 22 Jahre wurde daran gearbeitet. Der Rahmen besteht aus Weichholz. Die wohlausgewogene Innenaufteilung beherbergt Mobiliar von außerordentlicher Feinheit.*

Oben: *Der Salon im Stil Ludwigs 14. zeigt die Perfektion, die jedem Detail gewidmet wurde. Das Haus enthält zwei Schlafzimmer, einen Eßraum, Treppenhaus und Wohnzimmer. Auktionspreis 1984 umgerechnet etwa 17 000 DM.*

ginal erhalten sein. Oft findet man neu gestrichene Dächer, nachträglich tapezierte Innenwände und sonstige Erneuerungen, die den Wert schmälern.

Die Präsentation einer Puppenhaus-Sammlung erfordert einige Überlegungen. Direkte Sonne schadet den Farben. Die Temperatur soll einigermaßen konstant und die Luft trocken gehalten werden, Zentralheizungen können den Ausstellungsstücken allerdings ziemlich schaden. Sie verursachen Brüche und sonstige Schäden im Holz. Auch ziehen die Häuser Schadinsekten von Motten bis zu Holzwürmern an. Untersuchen Sie daher Objekte, die Sie erwerben möchten, auch auf Beschädigungen hin, die von solchen Insekten verursacht werden. Vertreiben Sie Parasiten, indem Sie Kampfer-Kugeln oder (weniger penetrant riechend) Zedernholzstücke, die man speziell zu diesem Zweck kaufen kann, im Haus verteilen. Die eleganteste Art der Präsentation sind sicher staubfreie Glasvitrinen. Sie eignen sich allerdings eher für Einzelteile wie Puppenmöbel. Die meisten vollständigen Häuser sind zu groß. Wo die Möglichkeit besteht, richten Sie einen eigenen Raum für Ihre Sammlung ein.

Veränderungen und Restaurierungsarbeiten mindern manchmal den Wert des Objekts. Wenn wirklich eine Restaurierung nötig ist, sollte sie mit viel Fingerspitzengefühl und so behutsam wie möglich angegangen werden. Das Haus muß auf jeden Fall seinen ursprünglichen Charakter bewahren.

Ein neu erworbenes Puppenhaus oder eine Puppenstube werden Sie zunächst reinigen wollen. Mit dem Staubtuch entfernen Sie den oberflächlichen Staub. Ecken und Ritzen werden am besten mit Pinsel oder Zahnbürste gesäubert. Danach lassen sich auch Schäden durch Holzwürmer besser abschätzen. Dennoch sollten Sie das Objekt bereits vor dem Kauf genau auf Insektenbefall untersucht haben. Wenn Sie stärkere Schäden feststellen, muß der Preis angemessen niedrig liegen.

Die Inneneinrichtung ist genauso wichtig wie der Rahmen. Nur selten findet man Häuser mit der wirklich originalen Möblierung. Leider wird beides von Händlern und auf Auktionen separat angeboten, obwohl der Experte dies für nachteilig hält.

Brüche, Feuchtigkeitsschäden, abgebrochene Wände oder Ornamente, schadhafte Bemalung bzw. Übermalung haben ebenfalls Einfluß auf den Wert. Untersuchen Sie die Unterseite der Standfläche auf Stempel der Hersteller. Das Schätzen eines Puppenhauses erfordert etwa das gleiche Vorgehen wie bei antiken Möbeln: Nehmen Sie etwas Abstand und lassen Sie den Gesamteindruck auf sich wirken. Wichtig sind hier ausgewogene Proportionen sowie das richtige Verhältnis zwischen Breite und Höhe, ferner die Größe und Anordnung der Räume innerhalb des Rahmens. Nachträglich erworbene Möbel müssen die richtige Größe für die Zimmer haben.

Wenn das Äußere nachträglich übermalt wurde, läßt sich manchmal die störende Farbschicht abnehmen, das Original kommt darunter wieder zum Vorschein. Diese Arbeit überlassen Sie am besten einem erfahrenen Fachmann. Wenn er auch seinen Preis hat, können Sie sicher sein, daß er sein Möglichstes tut. Auch ein guter Möbel-Restaurator steht oft mit Rat und Tat bei. Besonders vorsichtig sind bunte, lithographierte Wandpapiere zu behandeln. Allzu leicht können sie durch Kratzen oder feuchtes Wischen zerstört werden. Entfernen Sie nur unerwünschte spätere Änderungen an Ihrem Puppenhaus, so daß Sie es etwa im Originalzustand wieder herstellen. Wenn Sie fehlende Teile durch passende ähnliche ersetzen, können diese manchmal zu neu aussehen. Deshalb lassen Sie das

Oben: *Das mit Blumenornamenten bedruckte Möbelset der Jahrhundertwende ist in vorzüglichem Zustand. Fast ladenneue Stücke dieser Art sind sehr selten. Besonders im ganzen Set werden sie von Sammlern hoch geschätzt. Wert etwa 1500 DM.*

Links: *Ein ganzes Sortiment von filigranen Metallmöbeln in Gold und Silber ist selten zu finden. Derartige Stücke sind bei Sammlern von Miniaturmöbeln genauso begehrt wie bei Leuten, die einfach ihr Puppenhaus vervollständigen wollen. Der künstlerische Wert der zerbrechlichen Arbeiten schlägt sich natürlich im Preis nieder. Die Gruppe wurde auf über 2500 DM geschätzt.*

Haus im Zweifelsfall lieber unvollständig. Auf jeden Fall sollten Sie auch die originalen Tapeten – soweit überhaupt vorhanden – erhalten, selbst wenn sie alt und etwas ausgebleicht erscheinen. Moderne Überklebungen mindern das Haus sowohl in seinem ästhetischen wie auch materiellen Wert. Neuerwerbungen haben manchmal unter nachträglichen Tapeten ihre bezaubernden Originalpapiere erhalten. Diese können mit Hilfe eines Experten wieder zum Vorschein gebracht werden, wenn die nachträgliche Bespannung entfernt wird. Versuchen Sie es jedoch nie selbst! In Spezialgeschäften erhalten Sie Nachdrucke alter Muster für wirklich nicht mehr zu rettende Wände. Überdies finden Sie in den einschlägigen Zeitschriften die entsprechenden Händlernachweise und Adressen, sowie weitere Informationen.

Einer der faszinierendsten Aspekte des Sammelns besteht darin, daß Sie praktisch automatisch tiefen Einblick in die Architektur- und Möbelgeschichte unseres Jahrhunderts gewinnen. Das hilft Ihnen nicht nur beim Datieren der Häuser, sondern auch für das Restaurieren sind diese Kenntnisse unerläßlich. Wie unterschiedlich sind die verspielten Jugendstil- und Gründerzeithäuser mit ihren Türmchen, Erkern im Gegensatz zu den sachlich eingerichteten Objekten späterer Zeiten! Beim Ausstatten von Puppen-Läden kommen zusätzliche Sachkenntnisse in bezug auf die jeweilige Periode hinzu, beispielsweise die Lebensmittel und Verpackungen, besonders, wenn Sie einen „Kolonialwarenladen" vor sich haben. Die richtige Bestückung der Regale trägt zu einer authentischen Atmosphäre bei.

Auch Decken und Fußböden dürfen nicht vergessen werden. Neuere Häuser haben oft Teppiche. Hier gilt wieder einmal: Nachträglich zugefügte, zu modern oder bunt wirkende Teile sollten nach Möglichkeit entfernt werden. Oft findet sich unter den Teppichen die originale Kachel- oder Parkett-Nachbildung, die auch in etwas mitgenommenem Zustand besser wirkt als jede spätere Ergänzung. Bedenken Sie beim Belegen von Treppen mit Teppichen, daß vor 1930 der Läufer praktisch niemals die gesamte Stufenbreite einnahm, sondern die Ränder immer frei blieben.

Fensterbretter und -rahmen an Puppenhäusern sind oft beschädigt oder abgebrochen. Eine gute Restauration dieser Details wertet das ganze Haus optisch auf. Altes Glas, wie es in den ersten Jahren des 20. Jahrhunderts eingesetzt wurde, kann man nachkaufen. Man verwendet einfach unbrauchbare Bilderrahmen der gleichen Zeit und schneidet diese auf die passenden Maße zu.

Natürlich ist die Möblierung eine der wichtigsten Arbeiten. Sie müssen nicht unbedingt alle Möbelstücke aus exakt derselben Periode zusammenstellen. Mit Geschmack möblierte Häuser, die Modelle nahe zusammenliegender Epochen enthalten, wirken oft besonders reizend. Natürlich paßt ein 50er-Jahre-Tisch nicht gerade in ein Jugendstil-Haus.

Rechts: *Das bemalte hölzerne Puppenhaus umfaßt fünf Stockwerke. Besonders interessant sind die beiden Erker und der seitlich angesetzte Balkon. Wenn man es öffnet, kommen zehn Zimmer zum Vorschein – unter anderem Wohnzimmer, Treppenhaus, Bad –, alles mit originalen Wand- und Fußbodenverkleidungen. Breite 127 cm, Höhe 175 cm, Tiefe 41 cm. Die Front wurde zum Einsehen an der Rückseite angebracht. Wert 7500 bis 12 500 DM.*

Links: *Eine lebhafte Straßenszene, bestehend aus Puppenhaus, Stall und Milchwagen von etwa 1880-1905. Der gut ausgestattete Stall besitzt einen Heuboden, Boxen mit zwei Pferden und eine untergestellte Kutsche. Das Haus ist mit bedrucktem Papier dekoriert und zeigt alle architektonischen Details. Kutsche sowie Milchmann sind aus Blech und wurden von Märklin hergestellt. Sie sind handbemalt. Selbst das Zaumzeug für das, mit echtem Ponyfell beklebte Pferdchen ist bis ins Detail gearbeitet. Stall 46 cm, Haus 48 cm, Pferd und Wagen 41 cm.*

MÖBEL FÜR PUPPENHÄUSER

Puppenmöbel sind an sich schon ein eigenes Sammelgebiet. Entsprechend hohe Preise erzielen auch gut erhaltene Einrichtungen aus den frühen Jahren des Puppenhauses. Heute produzieren viele Handwerksbetriebe ausgezeichnete, detailgetreue Nachbildungen alter Möbel. Diese sind fast immer ein guter Kauf, auch wenn Sie ihren Preis haben. Dennoch sind sie in einem alten Haus eigentlich fehl am Platz. Wie gut die Nachbildung auch scheinen mag, nie reicht sie an ein Original heran. Es ist meist besser, für ein altes Puppenhaus lange – manchmal sogar Jahre – nach der passenden alten Möblierung zu suchen, statt auf Nachbildungen zurückzugreifen.

Richten Sie Ihr Haus nicht zu perfekt ein, da es sonst leicht steril wirkt. Die Möblierung sollte immer so angebracht werden, daß sie wirklich bewohnt wirkt, daß sie eine Atmosphäre von Wärme und Gemütlichkeit ausstrahlt. Darin liegt der feine Unterschied zwischen Puppenhaus, -zimmer und Puppe, die wirklich einst für ein spielendes Kind gemacht waren und den rein auf die ästhetischen Bedürfnisse von Erwachsenen abgestimmten Ausstellungsobjekten und Nachbildungen. Denken Sie auch, wie schon erwähnt, daran, Möbel im richtigen Maßstab auszusuchen. Sowohl zu groß geratenes als auch zu kleines Interieur wirkt störend auf den Gesamteindruck.

Puppenhaus-Möbel finden Sie in Spezialgeschäften, auf Flohmärkten und Auktionen. Preise für Produkte

Oben: *Das gemütlich wirkende zweistöckige Häuschen zeigt typisch englische Architekturmerkmale wie die Erker und wurde um 1910 von G. & J. Lines gefertigt. Höhe 94 cm. Es wurde nachträglich neu gestrichen und hergerichtet. Wert etwa 2000 bis 2500 DM.*

Rechts: *Eine wunderbare Auswahl an nachgebauten Sesseln der unterschiedlichsten Epochen. Die fein gearbeiteten Teile wurden von A.C. Lowe zwischen 1935 und 1985 gefertigt und sind signiert. 1989 erzielten sie pro Stück Preise zwischen 400 und 500 DM.*

Oben: *Ein schachtelartiges, hölzernes Puppenhaus mit papierbeklebten Außenwänden und dem originalen cremefarbenen Anstrich im 2. Stock. Reste einer ehemaligen Vergoldung sind noch sichtbar. Das Haus enthält vier Räume mit lackierten Leisten, Fenstersimsen aus Teakholz und den originalen Wandpapieren an den Innenwänden. 61 cm hoch, von G. & J. Lines um 1910. Preis 500 bis 750 DM.*

bekannter Hersteller können sehr hoch sein, wenn sie gut erhalten sind. Auch sonstiges Zubehör wie Geschirr, Silber, Küchenutensilien, Lampen, Textilien und Spielpüppchen in gutem Erhaltungszustand ist sehr begehrt.

Genau wie bei den Häusern selber muß der Sammler beim Datieren von Interieur vorsichtig vorgehen, da einzelne Modelle jahrelang ohne Veränderungen produziert wurden. Die Versuchung, Stücke für älter zu halten, als sie sind, ist äußerst groß. Auch hier helfen ausführliche Museumsbesuche und regelmäßige Erkundungszüge durch Auktionen und Flohmärkte. Gleichzeitig bekommen Sie dabei ein Gefühl für aktuelle Moden und angemessene Preise. Lesen Sie auch alte Kataloge und die zahlreichen Publikationen auf dem Gebiet. Nach und nach lernen Sie, Qualität von billiger Ware zu unterscheiden. Oft haben die Möbel Stempel oder sonstige Aufdrucke der Hersteller, die die Bestimmung erleichtern. Ungestempelte Stücke lassen sich durch sorgfältiges Vergleichen bestimmen.

Nehmen Sie das Sammeln zum Anlaß, sich auch mit den gesellschaftlichen Gegebenheiten früherer Zeiten vertraut zu machen. Wie kaum ein anderes Objekt vermittelt das richtig ausgestattete Puppenhaus einen Einblick ins Alltagsleben vorausgehender Generationen. Die Komplexität der Sammelstücke erfordert ein ständiges Erneuern, Umstellen und Ergänzen, das den besonderen Reiz des Hobbys ausmacht.

Oben: *Das Calke-Abbey-Puppenhaus. Dieses Stück aus dem 19. Jahrhundert ist im Stil dem 17. Jahrhundert nachgebildet. Im Gegensatz zu vielen modernen Spielzeugen gab es Puppenhäuser auch schon weit vor dem 20. Jahrhundert. Oft handelt es sich um die Nachbildungen älterer Stilepochen, so daß die Architektur kein eindeutiges Kriterium für das Alter des Spielzeuges selber ist.*

BLECHSPIELZEUG

Mehr als ein Jahrhundert lang war Blechspielzeug in Europa und Amerika bei Kindern sehr beliebt. Erst in den 60er Jahren wurde es durch andere Materialien, besonders Plastik, abgelöst. Heute erleben die farbenprächtigen Blechspielzeuge bei Sammlern auf der ganzen Welt eine Wiederentdeckung.

Eigenartigerweise interessierte sich der Sammlermarkt bis in die frühen 70er Jahre kaum für altes Blechspielzeug. Die wenigen Liebhaber kamen entsprechend leicht und günstig zu ihren großen Sammlungen. Das einzige Problem bestand in zerbeulten oder beschädigten Teilen. Der heutige Sammler dagegen muß schon mit System und gefülltem Geldbeutel an die Sache herangehen, um ansprechende Objekte zu bekommen. Liebhaber zahlen in Einzelfällen mittlerweile enorme Summen für besonders gefragte Stücke.

Überall gibt es heute spezielle Flohmärkte und Auktionen für Blechspielzeug. Vereine oder Clubs geben zahlreiche Bücher und Zeitschriften heraus, um das stetig wachsende Interesse an diesem Sammelgebiet zu bündeln. Durch Lackierung und Aufdrucke zeigte sich Blechspielzeug im Gegensatz zu den gedeckten Farben von Puppen bzw. sonstigen Objekten außerordentlich bunt und farbenfroh. Da die Farben kaum ausbleichen, höchstens zerkratzt werden können, bewahrten die Sachen meist bis heute ihre Attraktivität.

Spielsachen, die aus Blech gefertigt wurden, gab es nachweislich in Europa bereits um 1830. Ab 1850 wurden sie auf Ausstellungen gezeigt. Damals waren sie jedoch sehr teuer, da sie von geschickten Handwerkern per Hand einzeln angefertigt wurden. Nur ausgesprochen wohlhabende Eltern konnten sie sich für ihre Kinder – oder auch zu ihrer eigenen Unterhaltung – leisten.

Zu Beginn des 20. Jahrhunderts hatte sich in Deutschland – speziell in Nürnberg – das Zentrum der Spielzeugindustrie herausgebildet. Diese Region war weltführend in der Herstellung von Blechspielzeug. Marken wie Bing, Carrette und Ernst Plank waren dort angesiedelt. Eine andere ebenfalls noch bekannte Fir-

Oben: *Der Auto-Bausatz 1108 G von Märklin enthielt alle nötigen Bauteile für eine Pullman-Limousine und ein getarntes Militärfahrzeug. Um 1935.*

ma, Märklin, produzierte in Göppingen. Die Erzeugnisse dieser Firmen waren berühmt für ihre feine Ausführung. Die Spielzeuge wurden oft mit einem starken Uhrwerk angetrieben. Dekoriert wurden sie durch sehr detailgetreue, farbintensive Litho-Aufdrucke.

Blechspielzeug gab es in den unterschiedlichsten Ausführungen und allen Preislagen, von Pfennigsbeträgen, die die kleinen Kunden sozusagen aus ihrem Taschengeld bestritten, bis zu richtigen „Anschaffungen“. Ein Katalog von 1911 führt unter siebzehn in Deutschland hergestellten repräsentativen Blechspielsachen unter anderem ein „mechanisches Auto“ mit Schwungradantrieb sowie ein „Motor-Auto“ mit feiner, von Hand aufgetragener Chrombemalung, starkem Uhrwerk, Gummireifen, Kunststoffsitzen und weiteren Details in genauer Ausführung auf. Zusätzliche Attraktion war die auf Geradeaus- und Kreisfahrten einstellbare Lenkung, die wohl für damalige Zeiten keine Wünsche offenließ. Das Modell war etwa 19 cm lang. Daneben enthielt der Katalog Bus-Modelle mit Werbeaufdrucken, Taxis, Feuerwehrautos, ein „von einem Stier angegriffenes“ Auto sowie einen „Clown in einem Auto“.

Das teuerste Modell mit Uhrwerk muß eine absolute Schönheit gewesen sein: mit fein lackierter und polierter Motorhaube, sehr starkem Uhrwerk, der Fahrer in einen aufwendigen Pelz gekleidet, mit Gummireifen, Steuerung, Gangschaltung und Bremse, zu öffnenden Türen, vier Scheinwerfer. Das Ganze war etwa 40 cm lang, 20 cm breit und 25 cm hoch. Der Traum jedes Jungen! Dieses Modell, das wahrscheinlich von Carette hergestellt war, würde in einer Spielzeugauktion in gutem Zustand heute mit Sicherheit etliche tausend Mark einbringen.

Oben: *Eine neue Spielerei – ein Motorrad mit Fahrer und lustigem Beifahrer, mit Uhrwerk – wurde um 1950 von der japanischen Firma Kanto Toys in Tokio auf den Markt gebracht. 15 cm Länge.*

Neben Motorfahrzeugen gab es unter den Blechspielzeugen Flugzeuge, Schiffe, Eisenbahnen, Tiere, Insekten und sonstige Figuren. All die farbenfroh bedruckten Stücke ließen jedes Kinderherz höher schlagen – besonders wenn sie mit Uhrwerk ausgestattet

Links: *Wachhäuschen. Zubehörteile für die in Deutschland hergestellten Metallfiguren wurden oft aus Blech gemacht und bilden eine Art Brücke zwischen Sammlern von Blechspielzeug und von Soldaten. Diese schönen Häuschen mit britischem „Bobby“ und Soldaten waren eindeutig für den britischen Markt bestimmt. Der Maßstab des „Bobby“ ist doppelt so groß wie der des berittenen Soldaten. Das linke Wachhäuschen ist mit einem in Mitteleuropa vorkommenden Muster dekoriert, das eigentlich nicht zum Wachmann aus London paßt. Übrigens wurden in Deutschland zahlreiche Soldaten auch für den ausländischen Markt konzipiert und hergestellt, die dann natürlich entsprechende Uniformen sowie Zubehörteile haben mußten. Großbritannien war einer der Hauptimporteure deutscher Ware. Der „Bobby“ war samt Häuschen für etwa 900 DM zu haben, der berittene Soldat für etwa denselben Preis. Verkauft 1987 bei Phillips, London.*

Rechts: *Zwei italienische Modellautos aus Blech: ein Bus und ein Lieferwagen. Um 1960. 30 cm lang.*

waren, sich also selbständig bewegen konnten. Gleichzeitig brachten diese Spielzeuge den rasanten technischen Fortschritt und die Technik-Begeisterung der frühen Jahrzehnte unseres Jahrhunderts ins Kinderzimmer. Nach dem Ersten Weltkrieg verlagerte sich der Schwerpunkt der Spielzeugindustrie von Deutschland mehr nach Großbritannien und Amerika. Um 1930 hatte auch Japan bereits begonnen verstärkt Blechspielzeug zu produzieren und exportieren. Doch auch in Deutschland holte man wieder auf. Hier entwickelte sich Märklin schon bald nach der Wirtschaftskrise in den 20er Jahren zu einem erfolgreichen Hersteller.

BLECHAUTOS

Die Liebhaber von Blechspielzeug beschränken sich meist auf ein Spezialthema innerhalb der Gesamtauswahl für ihre Sammlungen. Dies kann entweder ein bestimmtes Objekt, ein bestimmter Hersteller oder eine bestimmte Epoche sein. Straßenfahrzeuge sind enorm beliebt, besonders, da (zum Beispiel bei den Marken Dinky, Spot-On und Corgi) parallel zu den Blech-Ausführungen gegossene Modelle gesammelt werden können. So stellt man die verschiedenen Herstellungsformen einander gegenüber. Motorfahrzeuge aus Blech wurden nahezu zeitgleich zu den Vorbildern seit den Anfangszeiten des Motorsports hergestellt. So läßt sich praktisch die gesamte Geschichte des Autos anhand von Modellen rekonstruieren. Ein besonders beliebtes und gutes Automodell wurde um 1910 von der Firma Hess in Nürnberg produziert. Die Firma bestand schon seit etwa 1825 und wurde 1886 vom Vater an den Sohn weitervererbt. Die Hess-Fahrzeuge

vom Anfang unseres Jahrhunderts wurden bzw. werden wegen ihrer Detailgetreue und großen Qualität in der Gestaltung (Lithographie) bewundert. Die erfolgreiche Serie war nach zeitgenössischen Rennautos gestaltet worden. Die Modelle waren mit Fahrern und einem effektiven Schwungrad-Mechanismus als Antrieb ausgestattet. Das wahrscheinlich bekannteste Blechauto aller Zeiten war der P2-Alfa-Romeo, der in den 20er Jahren bei C.I.J. (Compagnie Industrielle du Jouet) in Paris entstand. Diese großen Modelle waren das klassische Spielzeug aus dem Goldenen Zeitalter der Grand-Prix-Motorrennen und in den Farben der konkurrierenden Nationen (wie dem Grün der Engländer und dem Rot der Italiener) erhältlich. Mit fast 53 cm Länge bestachen die Alfas durch Details wie Speichenräder mit Gummireifen, steuerbare Räder, Bremstrommeln und Firmenzeichen über dem fein nachgearbeiteten Kühlergrill. Die Karosserie war detailgetreu bis zu den Lederriemen nachgebildet. Die Schuljungen in ganz Europa waren verrückt nach dem Modell – und das ist unter Sammlern bis heute so geblieben. Der Preis beträgt mittlerweile etwa 2500 DM.

Erschwinglicher und genauso sammelwürdig ist die populäre und große Serie von Tri-ang-„Minic"-Straßenfahrzeugen mit Uhrwerk, die Mitte der 30er Jahre bis in die 50er von Lines Brothers in South London hergestellt wurden. Die über hundert Modelle waren unter anderem so erfolgreich, weil sie im Maßstab passend zur Spur 0 damaliger Modelleisenbahnen lagen und statt der plumpen Guß-Modelle verwendet werden konnten. Die Serie eignet sich gut zum Sammeln, da sie vollständig in Katalogen und mittlerweile auch in vielen Publikationen dokumentiert ist. Sie enthält allerdings nur englische Modelle von Autos, Lastwagen und Bussen. Die Objekte sind in ihrer farbenfrohen Bemalung reizend. Einige sind sogar mit elektrischen Lampen ausgestattet. Viele tragen auch bekannte und heute kuriose Werbeaufdrucke aus ihrer Zeit. Dies bewirkt natürlich einen wachsenden Realismus und nostalgische Gefühle bei heutigen Besitzern. Wie bei allen früher beliebten Serien, werden die kleinen Flitzer immer gesuchter und entsprechend rarer.

In den 20er und 30er Jahren begann sich auch in Japan eine eigene Blechspielzeug-Industrie zu etablieren. Zunächst fing man damit an, deutsche Modelle zu imitieren. Nachdem die weltweite Zerstörung durch den Zweiten Weltkrieg 1945 endlich ein Ende gefunden hatte, entwickelte sich in Japan schließlich eine völlig eigenständige und innovative Produktion. Sie bereicherte die Welt der Blechspielzeuge mit einer ganz neuen Dimension von Produkten. Die Japaner drängten überdies stark in den Export. Als Folge dieser neuen, starken Konkurrenz aus dem Fernen Osten ging es mit den deutschen Spielzeugfabriken kontinuierlich bergab. Mitte der 60er Jahre hatten die meisten schweren Herzens aufgegeben. Die einst so bekannten Marken waren verschwunden. In den Spielzeugläden drängten unbekannte Namen von asia-

Rechts: *Der zwischen den beiden Weltkriegen herausgebrachte Sportwagen Examico 4001 von Schuco war dem BMW 328 nachempfunden. Das raffiniert ausgestattete Modell ließ sich mit der Hand steuern, das Uhrwerk war auf vier unterschiedliche Geschwindigkeiten einstellbar. Es kam etwa 1935 auf den Markt. 14,5 cm Länge.*

Oben: *Die gut erhaltene Gruppe von Fahrzeugen und Flugobjekten läßt jedes Sammlerherz höher schlagen. Unter anderem sehen Sie einen Bausatz der britischen Firma Ubilda. Die Spielzeuge wurden anläßlich einer Verkaufsveranstaltung bei Phillips in London ausgestellt.*

Rechts: *Der Alfa Romeo P2 wurde in Frankreich von der Firma C.I.J. produziert. Dieses Modell besitzt Speichenräder und ist in der Farbe der italienischen Rennautos gestrichen. Um 1929, 53 cm.*

tischen Herstellern wie Alps, Ashi, Bandai, Ickiko, Linemar, Nomura, Taiyo und Tomy in den Vordergrund.

Die japanischen Automodelle aus Blech waren in erster Linie für den nord-amerikanischen Markt konzipiert worden. Bei uns sind sie nicht ganz so häufig vertreten. Dementsprechend findet man aus dieser Zeit meist batteriebetriebene Modelle bekannter amerikanischer Marken wie Ford, Cadillac und Buick. Die erfindungsreichen deutschen Spielzeughersteller hatten alles Mögliche aus dem Uhrwerk-Prinzip als Antrieb herausgeholt. Doch die batteriebetriebenen Modelle der Japaner wurden nach dem Zweiten Weltkrieg zu einem noch begehrteren Spielzeug. Ein gutes Beispiel ist der Ford Skyliner, den die Firma Nomura in den 60er Jahren auf den Markt brachte. Wenn man ihn anschaltete, setzte sich das in Beige und Rot gehaltene

Gefährt mit chromblitzenden Details in taumelnden Schleifen in Bewegung. Der Fahrer drehte ständig den Kopf, als ob er beobachten wollte, wie sich das Schiebedach öffnet, während sich das Verdeck nach hinten faltet. Das alles geschah in unglaublich großer Geschwindigkeit und in völlig unrealistischen Bewegungsabläufen, doch gerade dadurch war das Fahrzeug so witzig und entsprechend beliebt.

Ein etwas billigeres Modell, das wohl mehr auf den deutschen Markt abgestimmt war, ist der Mercedes Benz 220 von 1961. Er war mit elektrischen Scheinwerfern, Plexiglas-Windschutzscheibe und Chromteilen ausgestattet. Das Innere wurde lithographiert.

BLECHFLUGZEUGE

Auch die Produktion von Flugzeugen und Schiffen wurde für die Blechspielzeug-Fabrikanten interessant. Wie bereits im Fall der Blechautos läßt sich die Entwicklung dieser beiden Gattungen im 20. Jahrhundert gut nachvollziehen. Ganz besonders bei den Flugzeugen stellten die Spielzeug-Nachbildungen jeweils den neuesten Stand der aktuellen technischen Entwicklungen dar. Bereits im Jahr 1910 hatte die Firma Märklin einen Blech-Ballon vorgestellt, der den riesigen Konstruktionen des Grafen Zeppelin nachempfunden war.

Im Jahr 1915 folgte dann ein mit Uhrwerk angetriebener Zeppelin (Firma Lehmann), der an einer Leine entlang „schwebte" und durch einen überdimensionierten Propeller angetrieben wurde, was den Eindruck tatsächlichen Fliegens hervorrief. Es ist kein Wunder, daß diese Spielzeuge zu ihrer Zeit sehr weit verbreitet waren und gut erhaltene Exemplare heute gleichermaßen selten oder teuer sind.

In den 30er Jahren produzierten die britischen Meccano-Werke (Hornby) zusammen mit Märklin eine Serie von Blech-Bausätzen für Flugzeuge. Jedoch war der Erfolg des Programms nur mäßig, denn die Meccano-Modelle waren auch nicht so vorbildgetreu wie die von Märklin. Trotzdem zeugen sie heute von jener Begeisterung der frühen Jahre für alles, was fliegt. Das Bausatz-Modell Nr. 1 glich dem Doppeldecker Gloster Gauntlet; es wurde von einem Uhrwerk angetrieben. Modell Nr. 2 war ein größeres Set, das es ermöglichte, verschiedene Flugzeugmodelle zu bauen, die auf den gleichen Teilen basierten. Die Flugzeuge hatten entweder einen Tarnanstrich oder waren in Blau bzw. Beige gehalten und mit den britischen Hoheitszeichen versehen – mit Ausnahme der Sets, die für den Export bestimmt waren. Heute sind diese Bausätze bei Flugzeug- sowie Meccano-Sammlern sehr gesucht und steigen kontinuierlich im Wert. Die Japaner stiegen, wie es nicht anders zu erwarten war, ebenfalls in die Produktion von Blechflugzeugen ein.

Unten: *Dieses uhrwerkbetriebene Flugzeug der Nürnberger Firma Kellermann schwankt beim Fahren über den Boden und „feuert" aus dem seitlich angebrachten Maschinengewehr Funken. Um 1930. Länge 19 cm.*

BLECHSCHIFFE

Spielzeugschiffe aus Blech sind sehr selten und erzielen daher hohe Sammlerpreise. Gleichzeitig sind sie die wohl hübschesten Spielzeuge. Schiffe müssen naturgemäß wasserdicht sein. Dies bedeutete früher eine schwierige und aufwendige Herstellungsweise, da ja auch alle beweglichen Teile wasserundurchlässig zu

Oben: *Vier japanische Flugzeuge aus Blech: ein Bristol Bulldog von Straco, ein Astro-Copter von Tomiyama, die Pan-Am-Boeing der Firma Linemar Co. sowie eine United Airways DC7, eine vierdüsige Maschine. Alle wurden etwa 1958 hergestellt.*

Links: *Ein früher Ozeandampfer der Firma Bing, Nürnberg. Er ist uhrwerkbetrieben und 64 cm lang.*

Rechts: *Das Unda-Wunda-U-Boot der Firma Suthcliffe Pressings Ltd. aus Leeds kam in den 30er Jahren auf den Markt. Es war als Spielzeug sehr populär und wurde später zu „Nautilus", dem U-Boot aus einem bekannten Walt-Disney-Film.* *23 cm lang.*

Unten: *Die „Kronprinzessin Cecilie" ist ein seltenes Prunkstück aus Blech, das nach dem gleichnamigen Ozeandampfer der norddeutschen Lloyd nachgebaut wurde. Es stammt von etwa 1907 und ist wahrscheinlich das größte jemals produzierte Spielzeugschiff. Es wurde von Fleischmann in Nürnberg hergestellt. Länge 154 cm. Von Christie's wurde es 1989 auf einen Wert von etwa 30 000 bis 45 000 DM geschätzt.*

sein hatten. Schließlich mußte die Lackierung ausreichenden Korrosionsschutz gewährleisten. Daher geschah es häufig, daß Blechschiffe nach einiger Zeit sanken, rosteten oder brachen und dann weggeworfen wurden. Die wenigen Exemplare, die noch existieren, wurden entweder restauriert oder repariert, denn die originalen Zubehörteile wie Rettungsboote, Anker, Masten, Flaggen waren zerbrechlich und gingen meist als erstes kaputt.

Die schönsten Blechschiffe wurden in Deutschland zwischen 1900 und 1920 produziert. Meist handelte es sich um Boote mit Uhrwerks- oder sogar mit Dampfmaschinen-Antrieb. Die Firmen Märklin, Bing, Fleischmann und Carette stellten eine ganze Reihe von Spielzeugschiffen aller Arten und Größen her, darunter auch Überseedampfer, Frachter, Kriegsschiffe sowie U-Boote. Einige davon, wie zum Beispiel das Märklin-Modell der „Mauretania", waren wirklich beeindruckend und würden heute unter Sammlern fast einen fünfstelligen Betrag wert sein. Das Modell der „Mauretania" wurde 1910 in Göppingen produziert; seine Länge betrug fast einen Meter und es kostete damals bereits den Monatslohn eines Arbeiters.

Ebenfalls zu dieser Zeit produzierte die Firma Hess in größeren Stückzahlen interessante Kriegsschiffe, die mit Uhrwerk angetrieben wurden. Sie besaßen drei exzentrische Räder unter dem Schiffsrumpf, wodurch ein lustiger und halbwegs realistischer Schaukeleffekt erzielt wurde. In den 30er Jahren wurde in England eine breite Palette von einfachen und robusten Blechschiffen produziert. Diese sind auch heute noch auf dem Sammlermarkt teilweise zu erschwinglichen Preisen zu finden und bieten sich daher als Einstiegsmodelle für den Sammler förmlich an. Die Firmen Meccano in Liverpool oder auch Sutcliffe Pressings in Leeds stellten Spielzeuge her, die billig und daher sehr beliebt waren. Die Rennboote der Firma Hornby wie zum Beispiel die „Hawk" oder die „Racer III" wurden von Uhrwerken angetrieben, die bei einmaligen Aufziehen über fünf Minuten lang liefen.

Die Firma Sutcliffe mußte 1982 ihre Tore schließen, nachdem sie seit den 20er Jahren zwar einfache, aber sorgfältig modellierte Spielzeugschiffe hergestellt hatte. Die ersten Produkte von Sutcliffe wurden schon gesammelt, als die Firma noch existierte. So produzierte man die Replik eines Kriegsschiffmodelles, der „Valiant", als limitierte Sonderausgabe, um den 200. „Geburtstag" dieses Schiffes zu würdigen – als Modell war es erstmals 1928 erschienen. 1981 folgte eine zweite Sonderausgabe eines Schiffes, diesmal des leichten Kreuzers „Diana".

SONSTIGES BLECHSPIELZEUG

Die Hersteller von Blechspielzeug des 20. Jahrhunderts orientierten sich natürlich nicht ausschließlich

Oben: *Das mit vier Schornsteinen ausgerüstete Kriegsschiff der Firma Bing wurde etwa 1912 hergestellt. Es wurde mit einem Uhrwerk-Mechanismus angetrieben.*

Oben: *Spielzeugroboter sind erst seit kurzem auf dem Sammlermarkt aufgetaucht. Doch die frühesten Produktionen sind mittlerweile auch schon über 40 Jahre alt und erreichen bei Auktionen fünfstellige Preise.*

Oben: *Der Roboter Nando, der etwa 1948 von Opset in Italien hergestellt wurde. Dieses Exemplar ging bei Christie's in Amsterdam 1988 für umgerechnet 3000 DM in neue Hände.*

an Verkehrsmitteln für ihre Modelle. Sie nahmen sich auch Tiere, Menschen, die Natur oder Sportarten als Vorbild und dachten sich Phantasiemodelle aus, die ebenfalls recht erfolgreich nachgebaut wurden. Die Deutschen hielten sich am liebsten an Vögel, Fische und einige andere Tierarten, die weltweit Anklang fanden. Spielzeugtiere wurden vermenschlicht, um menschliche Tätigkeiten ausführen zu können, wie beispielsweise im Fall des mit einem Uhrwerk betriebenen Autos der Firma Johann Distler, Nürnberg, aus den 20er Jahre. Der Fahrer, ein Äffchen, nimmt seinen Hut ab und setzt diesen wieder auf, während das Auto fährt. Die Japaner adaptierten die Idee für ihre Blechtiere und entwickelten sie weiter; nur waren ihre Blechtiere batteriebetrieben. Erwähnenswert ist hier die „Enten-Ein-Mann-Band" von Alps Shoji Ltd, Tokio, aus den 40er Jahren. Die Augen der Ente leuchten auf, während das Tier auf zwei seitlichen Trommeln und Becken sowie einer Baßtrommel schlägt. Derartige Spielzeuge sind auch heute noch erschwinglich und werden mehr von Sammlern neuzeitlichen Spielzeugs gesucht.

Modellfiguren waren auch ein beliebter Artikel der Spielzeugindustrie, insbesondere Figuren, die eine spezielle Tätigkeit ausübten. Im Jahr 1910 stellte die Firma Lehmann in Brandenburg die äußerst beliebte Figur des schlauen und fleißigen Müllers Gustav her. Aufgrund des einfachen Prinzips von zwei gegeneinander arbeitenden Massen sowie der Schwerkraft klettert Gustav auf seine Windmühle hinauf und kommt wieder herunter – mit einem Sack Mehl auf seinem Kopf – , um dadurch die Windmühlenflügel rotieren zu lassen. Ebenfalls sehr beliebt zu seiner Zeit – und heute noch erschwinglich – war der ziemlich primitive bunte „Doughboy tank“ (Infanteristen-Panzer) des New Yorker Fabrikanten Louis Marx. Es handelte sich um ein Modell, das dem britischen Panzerwagen „Mark II“ aus dem Ersten Weltkrieg nachempfunden war: Eine Luke öffnet sich auf der Heckseite und gibt einen Schützen frei, der mit seinem Gewehr nach oben zielt, um dann wieder hinter der Luke zu verschwinden. Dieser Spielzeugpanzer ist ein gutes Beispiel für das Marx-Sortiment. Die Firma Marx wurde in den Folgejahren zum größten Spielzeughersteller der Welt.

Auch heute noch findet man neues Blechspielzeug in Spielzeuggeschäften. Hier handelt es sich meist um Produkte aus Osteuropa und der Volksrepublik China, die in ihrer Qualität jedoch nicht an die deutschen und japanischen Blechspielzeuge heranreichen. Trotzdem lohnt es sich, derartiges Blechspielzeug zu kaufen, wenn das betreffende Original-Modell zu teuer oder zu schwer zu finden ist.

Oben: *Der riesige Roboter mißt 41 cm Höhe. Das batteriebetriebene Stück mit beweglichen Beinen und einem für Blitz-Schüsse zu öffnenden Brustkasten wurde von Horikawa hergestellt.*

Unten: *Der Roboter Jupiter von Yonezana wurde bei Christie's in New York 1989 auf 6000 bis 9000 DM geschätzt.*

ROBOTER

Das neueste Sammelgebiet bei Blechspielzeug sind Roboter. Roboter – oder mechanische „Menschen“ – üben auf Kinder und Erwachsene gleichermaßen eine Faszination aus. Der Begriff „Roboter“ wurde von dem tschechischen Science-Fiction-Schriftsteller Karel Čapek 1921 geschaffen. Es ist eine Ableitung aus dem tschechischen Wort „robota“ (Arbeit). Karel Čapeks „Roboter“ waren organische, aber künstliche „Menschen“. Bald jedoch bürgerte sich das Wort in der gesamten Science-Fiction-Literatur ein und erhielt die Bedeutung einer menschenähnlichen Vorrichtung.

Spielzeugroboter haben ihre Vorbilder in der Science-Fiction-Literatur. Zunächst handelte es sich einfach um Spielzeug-Automaten. Das Interesse an der Weltraumfahrt und Science Fiction seit den frühen 50ern führte zu solchen Robotern und Weltraum-Spielzeugen. Robbie, der Roboter aus dem Film „The forbidden Planet“ aus dem Jahr 1956 war vermutlich das erste Vorbild für diese Spielzeugroboter. Im Laufe der Zeit wurden die Modelle zunehmend detailierter und mit ausgeklügelten technischen Eigenschaften versehen.

TEDDYBÄREN

Teddybären, seien sie auch noch so abgescheuert und zerspielt, zählen heute zu den beliebtesten Sammelobjekten und erzielen bei Spielzeugauktionen Spitzenpreise.

In den letzten Jahren sind die Preise für Teddybären von vor 1940 sprunghaft in die Höhe geschnellt. Ende der 80er Jahre waren Erlöse von über 100 000 DM auf Auktionen keine Seltenheit mehr. Im Zuge des aktuellen Trends erreichten auch nicht so gut erhaltene Teddys, hatten sie nur ein entsprechendes Alter, enorme Gewinne. Durch den Boom werden immer wieder wertvolle neue Teddys hergestellt und alte Modelle in limitierter Neuauflage auf den Markt gebracht.

Beim Sammeln von Teddybären sollten Sie darauf achten, daß es auch hier ganz klar umrissene Qualitätskriterien gibt. Nicht jeder Bär, der einst durch spielende Kinderhände ging und heute einen nostalgischen Touch hat, entpuppt sich als lohnende Anschaffung für die Sammlung. Teddys aus der Produktion von vor 1920 in ungewöhnlichen Farben lohnen immer den Kauf – auch unter dem Blickwinkel der Geldanlage. Einzelne Firmen sind besonders gesucht. Dazu gehören die deutschen Marken Steiff, Bing, Hermann, Schuco, die amerikanischen Herstellern Ideal und Columbia, sowie die englischen Chad Valley, Farnell, Merrythought und Deans. Allerdings finden Sie im Inland sowieso meist die einheimischen Marken, so daß sich eine genaue Sachkenntnis der ausländischen Formen meist erübrigt. Inzwischen hat sich unter Sammlern wie Händlern ein realistisches Preisniveau eingespielt, das sich in einem fest umrissenen Rahmen bewegt. Glücklicherweise konnten die Sammler klarmachen, daß nur wirklich erstklassige Qualität auch erstklassige Preise erzielt.

Teddys, die eindeutig einer der großen Marken – Steiff nimmt hier deutlich die Spitzenposition ein – zugeordnet werden können, sind von Sammlern besonders gesucht. Die begehrtesten Steiff-Bären aus den frühen Zeiten mit Drehgelenken in Schulter, Hals und Hüfte sind unter anderem an den Filzsohlen und Handflächen mit „Krallen" aus Wollstichen sowie am leicht buckligen Rücken und der Holzwolle-Füllung erkennbar.

Teddybären in gutem Erhaltungszustand erwerben Sie am besten bei entsprechenden Auktionen oder bei spezialisierten Händlern. Auch auf örtlichen Flohmärkten findet sich gelegentlich ein gutes Stück, ebenso auf allgemeinen Verkaufsausstellungen. Doch der aktuelle Trend hat auch interessierte Laien hellhörig gemacht. Viele Anbieter überschätzen die Preise für ihr Angebot und der Sammler findet nur noch selten durch Zufall ein Schnäppchen. Das Sammeln moderner Bären dagegen ist einfach. Reiche Auswahl finden Sie in Spielwarenläden oder gut sortierten Kaufhäusern. Ungewöhnlich gestaltete Steiff-Bären in limitierter Auflage sind meist eine lohnende Anschaffung. Man kann davon ausgehen, daß sie in Zukunft gesuchte Sammelobjekte sein werden.

Rechts: *Dieser seltene schwarze Plüschteddy aus Mohair von Steiff – um 1912 – wurde nur in insgesamt 494 Exemplaren hergestellt. Er war speziell für den englischen Markt bestimmt und zwischen 36 und 48 cm groß. Die schwarzen Knopfaugen liegen auf roten Filzscheiben auf. Der Gesamtzustand des gezeigten Bären wird etwas durch die abgeschürfte Schnauze sowie den Mottenbiß in den originalen Filztatzen gestört. Bei Phillips wurde er 1990 auf etwa 15 000 bis 25 000 DM geschätzt.*

Oben: *Eine hinreißende Bären-Gesellschaft! Der linke Steiff-Bär ist aus weißem Plüsch, um 1920. Sein kleiner Kollege mit der ungewöhnlichen Größe stammt ebenfalls von Steiff, um 1950, genauso der Bär im Hintergrund. Der Bär rechts wurde um 1920 wahrscheinlich von Hermann hergestellt.*

Mittlerweile gibt es schon internationale Treffen der Teddy-Sammler. Hier haben Sie gute Gelegenheit, nicht nur Bären zu kaufen, sondern auch die aktuelle Preislage zu erkunden. Sie ist meist etwas höher als bei Auktionen. Frühe Steiff-Bären um 1903 bis 1925 wurden mit langen Armen und Beinen, langen filzbedeckten Handflächen ausgestattet. Die Vorderbeine reichten beim stehenden Bär bis fast zur Mitte der Hinterbeine. Die Steiff-Bären hatten als erste einen Mittelsaum sowie Nasen aus Siegelwachs. Sammelwürdig sind nur Teddybären in ausgezeichnetem Zustand. Der besondere Wert liegt im noch weitgehend erhaltenen dichten Mohairfell. Je „gerupfter" und abgeschabter das Fell wirkt, desto größer die Wertminderung. Die originalen Tatzen (bei teuren Bären meistens aus Filz) müssen ebenfalls noch erhalten sein. Leider sind gerade diese Stellen sehr anfällig für Mottenfraß. Die aufgestickten Krallen und Schnauzen sind im Idealfall ebenfalls unversehrt. Beim Schätzen und Beurteilen eines Teddys gibt es ein paar allgemeine Richtlinien. Ausgefallenere Farben – also nicht das häufig auftretende Beige oder Honiggelb – sind besonders gesucht. Steiff produzierte im Laufe seiner Geschichte Bären in Weiß, Schwarz, Rot, Aprikosen- und Zimtfarben sowie zweifarbige Exemplare. Die ersten Teddybären hatten entweder Knopf- oder Glasaugen, meist in den Farben Schwarz oder Bernstein. Ein weiteres Charakteristikum der frühen Jahre sind die weit abstehenden runden Ohren und eine stark hervorspringende aufgestickte Schnauze.

TEDDYS BESTIMMEN

Von den echten Steiff-Bären gibt es viele Imitationen.

Links: *Ein silbriger Plüschbär von Steiff, um 1904, mit Metallknopf und Etikett im Ohr, Schnauze aus rosa Seidenfaden und schwarzen Knopfaugen. Ganz im Stil seiner Geburtsstunde ist er in ein zeitgenössisches Matrosenkostüm – das allerdings nicht ursprünglich zum Bären gehörte – gekleidet. Höhe 76 cm.*

Oben: *Sehr selten findet man Bären mit kurzem rötlichen Fell und Knopfaugen. Dieser hier gehörte einst der russischen Prinzessin Xenia und wurde um 1906 bis 1909 bei Steiff gefertigt. Höhe 33 cm.*

Oben: *Dieser Teddy von etwa 1909 hat einen großen dreieckigen Kopf mit Glasaugen, spitzer Schnauze und Holzwollfüllung. Die Öhrchen sind deutlich dreieckig, Körper und Gliedmaßen sind länger als gewöhnlich. Die nachträglich aufgenähten Tatzen und das abgeschürfte Fell mindern seinen Auktionswert erheblich. 1990 wurde er auf 650 DM geschätzt.*

Oben: *Hellbrauner Plüsch-Teddy mit Knopfaugen und verlängerten Gliedmaßen. 53 cm, Steiff, um 1905. Schätzwert 1989 bei Christie's um 1000 DM.*

Sie waren von ihren zeitgenössischen Herstellern nicht als Fälschungen gedacht, sondern die Teddys mit den bekannten Merkmalen ließen sich besser verkaufen. Der Sammler sollte daher sehr vorsichtig beim Bestimmen der Hersteller-Firma sein, besonders, wenn der Knopf im Ohr fehlt, der die echten Steifftiere auszeichnet. Auch kam es vor, daß unseriöse Firmen ihren Produkten dieses Markenzeichen verpaßten und somit echte Fälschungen verkauften. Steifftiere können auch vom Alter her bestimmt werden, da die Metallfarbe und Größe des Markenzeichens immer wieder geändert wurden. Die ersten Knöpfe um 1895 trugen das Elefanten-Zeichen. Dies wurde aber schon bald vom Namenszug der Firma in Großbuchstaben abgelöst, wobei das letzte „F" eine Tilde unter dem ganzen Wort bildete. Schließlich wurde der Name kursiv gesetzt. Zinnknöpfe sind älter als die verchromten, die schließlich von einem messingartigen Knopf abgelöst wurden. Graue Knöpfe stammen aus den späten 30er Jahren. Die zusätzlich zu den Knöpfen angebrachten Etiketten überlebten bei den frühesten Bären fast nie bis in unsere Tage. Ihre Farben helfen – wo noch vorhanden – bei der Datierung: Weiße wurden verwendet vor 1926, Rote von 1926 bis etwa 1934, Gelbe ab 1934. Weiß-Gelbe und Schwarz-Weiße finden sich auf zeitgenössischen Produkten. Sehr informativ bezüglich Art und Ausstattung des jeweiligen

Oben: *Aloysius, ein oranger Plüschteddy, wurde wahrscheinlich in Deutschland um 1907 gefertigt. Den Namen bekam er, als er Held einer englischen Fernsehserie – „Wiedersehen mit Brideshead" – wurde.*

Oben: *Ein wahrscheinlich englischer Teddy aus gelblichem Mohair, Höhe 53 cm, und ein goldfarbener Plüschteddy mit sehr langen Armen, ebenfalls 53 cm hoch.*

Bären ist auch der Nummerncode auf den Etiketten. Eine ausführliche Publikation von Marianne und Jürgen Cieslik, „Knopf im Ohr", gibt genaue Auskunft. Dieses Buch hilft auch durch seine reiche Bebilderung gut bei der Altersbestimmung und Entschlüsselung des Nummerncodes von Steifftieren. Am besten lernen Sie Teddybaren einschätzen, indem Sie nicht nur alle verfügbaren Publikationen lesen, sondern auch ständig die Originale vor Augen haben – besonders geeignet sind Steiff-, Bing- und Hermann-Bären. Da selbst bei Steiff alte Etiketten teilweise an neueren Produkten aufgebraucht wurden, kann es vorkommen, daß man ungewollt ein Objekt auf älter datiert, als es wirklich ist. Die genannten Entscheidungskriterien haben daher keine absolute Gültigkeit.

Die Firma Bing in Nürnberg ist berühmt für ihre mechanischen Bären. Diese sind sehr gesucht, werden aber auf Auktionen relativ selten angeboten. Außerordentlich rar sind Exemplare mit der Originalkleidung. Sie können durch eine Metallmarke im Ohr identifiziert werden, die bis 1919 mit G.B.N., danach mit B.W. beschriftet war. Die aufziehbaren mechanischen Bären sind auch am Schlüssel-Loch beschriftet. Exemplare ohne Marke lassen sich nur schwer einschätzen. Doch gibt es wieder einige Charakteristika: ein kleiner dreieckiger Kopf, eine flachere Nase als bei Steiff, Knopfaugen und die Brummstimme.

Teddybären der Firma Hermann lassen sich nur schwer identifizieren und werden oft mit Steifftieren verwechselt. Hermann begann um 1907 mit der Produktion. Ein eindeutig bei dieser Firma angefertigter Teddy kann also nicht älter sein. Genau wie Steiff stellt auch die Firma Hermann noch heute Teddybären von ausgezeichneter Qualität her.

TEDDYS RESTAURIEREN

Oft werden Sie Teddys finden, die irgendeine Art von Restauration oder Ausbesserungen vorweisen. Meistens sind das laienhafte Versuche, die man leicht erkennt. Manchmal wirken sie reizend lebensnah, manchmal jedoch auch abstoßend.

Daß Mütter und Großmütter aufgerissene Tatzen mit Flicken übernähten oder gerissene Nähte stopften, ist eher die Regel als die Ausnahme. Da auch die Teddys ursprünglich als Kinderspielzeug gedacht waren, wirken Tiere, denen man das Spiel ein bißchen ansieht, lebhafter als perfekt erhaltene, fast ladenneue Objekte. Neuerwerbungen werden Sie zuerst reinigen wollen. Benutzen Sie ein sehr mildes Waschmittel, ohne den ganzen Bären damit zu tränken. Säubern Sie ihn lieber mit einem angefeuchteten Schwamm. Wenn Sie das Fell kämmen, seien Sie vorsichtig. Oft sind die Haare so lose, daß sie sich dabei aus dem Gewebe lösen. Im Zweifelsfall fragen Sie lieber einen erfahrenen Restaurator oder empfohlenen Experten.

Auch gibt es Bären-Kliniken, die sich mit der Restauration befassen. Eine sachgerechte Restauration kann sehr teuer werden, wie immer, wenn Fachleute ans Werk gehen. Augen aus Glas wie auch Knopfaugen sind leicht erhältlich. Finden Sie aber zunächst heraus, welche Art der Bär ursprünglich trug. Schadhafte Tatzen zu ersetzen, ist für den Laien schwierig. Auf jeden Fall sollte der richtige Stoff verwendet werden. Bei Steifftieren war das zum Beispiel heller Filz, bei anderen Marken jedoch auch Samt. Wenn Sie die Reparatur selber ausführen wollen, nähen Sie besser die neuen Tatzen über die schadhaften alten. Abgewetzte Stellen im Fell oder sogar Löcher auszubessern, ist noch schwieriger. Wenn Sie Aussehen und Wert des Tieres nicht beeinträchtigen wollen, stopfen Sie die Stellen nicht einfach! Meist ist es besser, die Sache auf sich beruhen zu lassen, statt große Veränderungen vorzunehmen. Risse können vorsichtig mit einem starken Faden zugenäht werden. Bei wertvollen Bären sollte ein Fachmann dies erledigen.

Sehr alte Teddybären haben manchmal eine zerdrückte Holzwollfüllung und sehen daher etwas verformt aus. Sie müssen sich nicht unbedingt daran stören, da es zum Charakter des Bären beiträgt. Manche Bären enthielten auch andere Füllungen: manchmal Kapok, manchmal eine Mischung aus Kapok und Holzwolle. Wenn Sie den Körper sanft drücken, merken Sie es meist. Holzwollfüllungen fühlen sich sehr hart an und knirschen leicht, Kapok dagegen ist weich und elastisch.

Später wurden Teddys mit weiteren Materialien gefüllt. Die richtige Füllung für einen Teddy herauszufinden ist sehr schwierig und sollte wiederum einem empfohlenen Restaurator oder einer Bären-Klinik überlassen werden. Das wuschelige Fell der Bären wird besonders gern von Schadinsekten angegriffen. Untersuchen Sie daher einen alten Teddy, den Sie erwerben möchten, besonders genau. Stellen Sie ihn erst danach zu ihrer Sammlung. Es gibt mehrere Möglichkeiten, Teddys vor Schadinsekten zu schützen: Frieren Sie den Teddy in einer versiegelten Plastiktüte für mindestens zwei Tage ein. Dabei sterben alle Schädlinge ab. Oder benutzen Sie ein Mottenspray.

Mittlerweile findet sich für den interessierten Sammler eine fast unüberschaubare Menge an Büchern zum Thema. Doch die direkte Anschauung vermittelt meist noch bessere Erkenntnisse. Besuchen Sie daher regelmäßig entsprechende Auktionen und besonders auch Spielzeugmuseen.

Unten: *Diese nette Gruppe demonstriert, daß jeder Teddy seinen ganz eigenen Charakter hat, daß niemals zwei sich völlig gleichen. Sie stammen aus verschiedenen Zeiten, doch alle von vor 1920 und von der Firma Steiff. Beachten Sie auch die unterschiedlichen Felle aus Mohair. Sehr lustig wirken die Locken des rechten gelben Teddys. Auch in der Haarlänge gibt es Unterschiede.*

MODELLEISENBAHNEN

Modellbahnen sind eines der populärsten und meistverkauftesten Spielzeuge. Legendäre und überall bekannte Namen wie Märklin in Deutschland und Hornby in England üben magische Anziehungskraft auf Sammler von Originalprodukten oder Reproduktionen aus.

Geburtstage und Weihnachten sind in vielen Ländern der Welt seit fünf Generationen wohl *das* Ereignis. Endlich können Kinder, und auch Erwachsene, aufgeregt ihr langersehntes Geschenk auspacken, eine Modelleisenbahn. Nur ein kurzer Blick in das Schaufenster eines Spielwarengeschäfts zeigt, daß Modellbahnen nach wie vor die Renner sind. Firmen wie Märklin, Fleischmann oder Hornby produzieren seit Jahrzehnten eine Riesenauswahl von den ältesten Modellen bis zum hochmodernen ICE, originalgetreue Dampf-, Diesel- und E-Loks. Mittlerweile hat sich die Vermarktung aus den allgemeinen Spielzeugläden in spezielle Modelleisenbahn-Geschäften verlagert.

Die ersten Spielzeugbahnen kamen in den 40er Jahren des letzten Jahrhunderts auf den Markt und waren bald ein Muß in vielen Jungen-Spielzimmern. Die frühesten Modelle waren einfache Holzspielzeuge nach bayerischem oder amerikanischem Vorbild, die man über den Fußboden ziehen mußte. Die Wagen leuchteten in grellen Farben und manchmal gab es sogar ein Holzgleis, über das sie rollten. Diese primitiven Modelle glichen nur selten ihren Vorbildern. Manch ein Fabrikant hatte selbst wohl nie einen echten Zug gesehen. Um das Jahr 1870 wurden diese Holzzüge durch Blechmodelle ersetzt, die meist aus einer Lok mit Schlepptender, zwei Reisewaggons, einigen Güterwagen und dem Zugbegleiterwaggon bestanden. Obwohl auch sie noch sehr primitiv waren, stimmten die Proportionen schon besser, sie waren realistischer und attraktiver als ihre hölzernen Vorgänger. Gegen Ende des Jahrhunderts kamen Uhrwerksantrieb und der Antrieb durch eine Dampfmaschine auf und im Jahre 1900 wurde auf der Pariser Weltausstellung die erste elektrisch angetriebene Spielzeugbahn der Öffentlichkeit vorgestellt.

1900 – 1914

Die typische Angebotspalette an Spielzeugbahnen um die Jahrhundertwende kann man am besten aus den einschlägigen Auktionskatalogen und den damaligen Firmenkatalogen entnehmen – falls man der glückliche Besitzer solch alter Kataloge ist, die unter Sammlern genausoviel wert sind wie die in ihnen abgebildeten Waggons. Dort gab es eine „massive amerikanische Expreßzuglok mit solidem Uhrwerksantrieb" genauso wie eine Grundausstattung, bestehend aus einer Lok mit Uhrwerksantrieb, zwei Waggons sowie Schienen für einen einfachen Kreis. Es war übrigens durchaus noch nicht selbstverständlich, daß diese Modelle auf Schienen fuhren! Deutsche Firmen waren bis zum Ersten Weltkrieg marktführend im Modelleisenbahn-Bereich. Danach wurden sie dann von amerikanischen abgelöst.

Rechts: *Zweiachsige, mit Spiritus gefeuerte Dampflok aus Messing und Weißblech für die schon sehr früh wieder aufgegebene Spur 2½ (von 2 Inches = 65 mm), Länge 18 cm, von Ernst Plank, Nürnberg, um 1900.*

Links: *Schönes Beispiel einer französischen spiritusgefeuerten Dampflok für die Spurweite 2½ mit hinten liegenden Zylindern, Länge 16,5 cm, um 1900.*

Bell
STA
17220
G N
GREAT WESTERN
3410

Links: *Hinterer Zug: Elektrische Lokomotive aus der Schweiz mit zwei Treib- und zwei Laufachsen sowie zwei Pantographen vor zwei Güterwaggons aus Weißblech, Spur 0, Firma Buco, um 1935. Vorderer Zug: Uhrwerkslok mit Waggons der Great Western Railway, Spur 0, Firma Bing, um 1926.*

Unten links: *E-Lok von Märklin mit Personenwagen für die zweite und dritte Klasse sowie Gepäckwagen, um 1930.*

Unten: *Attraktives Bahnhofsgebäude aus Blech, vermutlich von Märklin, Breite 58,5 cm, um 1920.*

Nürnberg war das Zentrum der deutschen Spielzeug-Industrie und von hier stammen die nostalgischen Blechmodelle, die von manchem Sammler händeringend gesucht werden. Spielzeugbahnen aus der Zeit vor dem Ersten Weltkrieg von Firmen wie Bing, Märklin, Carette und Karl Bub gehören heute zu den teuersten Modellen.

Die Auswahl an Spielzeugeisenbahnen für einen Jungen jener Zeit war enorm. Erschwinglich waren sie jedoch nur für begüterte Familien, die sowohl das Geld als auch den Platz hatten, eine Spielzeugbahn aufzubauen. Die Züge wurden mit der Zeit immer teurer, als nämlich aus dem primitiven Spielzeug „Modelle“ geworden waren. Überdies verursachten die unzuverlässigen dampfmaschinen-getriebenen Fahrzeuge manchen Unfall in Kinderhänden. Ob sich wohl deshalb die Väter für diese Bahnen begeisterten?

Um 1900 existierten bereits fünf verschiedene Spurweiten zwischen 30 und 75 mm. Die Spurweiten wurden im Jahre 1891 durch Märklin auf der Leipziger Frühjahrsmesse standardisiert und bald darauf von allen Firmen übernommen. Die Firma Märklin wurde im Jahre 1859 durch die gleichnamigen Geschwister in Göppingen gegründet. Heute kann diese Firma von sich behaupten, der älteste Modellbahnhersteller der Welt zu sein. Blechspielzeug und -eisenbahnen wurden bereits um 1890 produziert und im Jahre 1914 beschäftigte die Firma 600 Mitarbeiter. Märklin-Liebhaber behaupten, die Geschichte der Eisenbahn und der Modell-Maßstäbe könne an den Produkten der Firma nachverfolgt werden. Die Spuren 1 und 0 sind für den Sammler von Fahrzeugen jener Epoche wohl die gebräuchlichsten. Die Spur 0 wurde eingeführt, um durch einen kleineren Maßstab kompaktere und dadurch komplexere Anlagen bauen zu können.

Die Loks verfügten über 2 oder 4 Achsen, in England und Amerika gab es jedoch noch größere Dampfloks mit Drehgestellen. Dazu gehörten Schlepptender mit imitierter Beladung. Die Loks hatten bereits ein nahezu vorbildgetreues Aussehen und wiesen eine Reihe von Details auf. Eine typisch deutsche Blechlok mit Uhrantrieb verfügte über einen zylindrischen Kessel mit Schornstein, Dampfdom und Pfeife. Hinter dem Kessel war der Führerstand, in dem sich Hebel für zwei Geschwindigkeiten sowie Rückwärtsfahrt befanden. Kessel und Führerstand saßen auf einem Fahrgestell mit Verkleidung oder Kästen über den Rädern. Dampfgetriebene Modelle hatten eine Feuerkammer unter dem Führerstand und Kupferkessel mit Überdruckventil und Pfeife. Solche Loks sind leicht zu erkennen, da der Anstrich des Kessels durch die Hitze beim Betrieb meist beschädigt ist. Man wird kaum ein Modell ohne Gebrauchsspuren finden. Ein fast ladenneues Stück hätte einen sehr hohen Sammlerwert, wenn der Anstrich noch original ist.

Die durch Uhrwerk angetriebenen Loks hatten ihren „Motor“ zwischen den Antriebsrädern und wurden mit einem Schlüssel aufgezogen. Diese Antriebe waren sehr robust und stark genug, einen Zug problemlos in Gang zu setzen. Aufgrund ihrer primitiven Bauart waren sie notfalls leicht zu reparieren. Die Loks waren entweder emailliert oder gestrichen, die teuren verfügten zusätzlich über Griffstangen am Kessel, Stirnlampen, Schmiervorrichtungen und weiteren Messingdetails. Diese Bahnen wurden zwar meist in Deutschland hergestellt, aber für den Export in den verschiedensten Lackierungen geliefert. So existierten beispielsweise für den Export nach Großbritannien Versionen der Great Western Railway (G.W.R.), der London and North Western Railway (L.N.W.R.) und der Midland Railway (M.R.).

Rechts: *Preisgünstiges Zugset einer deutschen Firma für die Spurweite 0, bestehend aus einer Uhrwerkslok mit einem Personenwagen, Gleis und Bahnhofsgebäude, um 1930.*

Zu den Sortimenten gehörte eine ganze Auswahl an Personen- und Güterwagen, die jeweils passend zur Lokomotive gestrichen waren sowie Zubehör wie Bahnhöfe und Bahnsteige im passenden Maßstab. Sehr bald kamen auch betriebstechnische Gegenstände wie Signale und Signalbrücken hinzu – zunächst natürlich noch ohne konkrete Funktion. Die Waggons wurden mit der Zeit immer weiter verfeinert: Die Türen ließen sich öffnen, die Seiten wurden bedruckt, das Dach war abnehmbar und erlaubte den Blick auf eine Inneneinrichtung mit Abteilen und Sitzen. Die Güterwagen erhielten seitliche Schiebetüren, die Güterzugbegleitwagen das erhöhte Abteil für den Zugbegleiter. Nicht zuletzt waren es diese Details, die damals wie heute den Reiz und die Faszination ausmachten.

Was Märklin für Deutschland war, wurde die (deutsche) Firma Bing für Großbritannien. Sie wurde 1863 von den Brüdern Ignaz und Adolf Bing gegründet. Bereits 1880 umfaßte ihre Produktion die verschiedensten Blechspielzeuge und -bahnen. Die Firma expandierte rasch und beschäftigte bei Kriegsausbruch 1914 über 5000 Mitarbeiter. Nach dem Krieg wurde die Produktion wieder aufgenommen, doch die Weltwirtschaftskrise erwies sich für Bing als verhängnisvoll. 1932 geriet die Firma in Konkurs und zwei Jahre später schlossen sich die Fabriktore endgültig.

Trotz der deutschen Marktbeherrschung gab es natürlich auch ausländische Hersteller. In Großbritannien war es vor allem die Firma Bassett-Lowke Ltd, in den USA die Firmen Ives Railway Lines und Lionel. Bassett-Lowke Ltd wurde 1899 in Northampton gegründet. Auf der Weltausstellung 1900 in Paris traf der Gründer, Mr. Bassett-Lowke, Stefan Bing. Dieses Treffen begründete eine langjährige und enge Zusammenarbeit beider Firmen. Bassett-Lowke schlug den Nürnbergern vor, die Maßstäblichkeit der Modelle zu verbessern und auch kleinere Spuren zu entwickeln. Anfänglich wurden die Produkte der Firma Bing für den britischen Markt „anglifiziert". Diesen Teil übernahm anfangs die Firma Bassett-Lowke – sie gab den deutschen Modellen ihr britisches Aussehen, was ihr in kurzer Zeit einen großen Bekanntheitsgrad verschaffte. Ihre späteren Modelle waren sogar detail- und maßstabsgetreuer als die deutschen „Vorfahren". Die Firmen Ives und Lionel waren in den USA ansässig. Zusammen mit den Importen aus Deutschland deckten sie den gesamten amerikanischen Markt ab. Die Ives Railway Lines wurden 1886 in Plymouth, Connecticut, durch Edward Ives gegründet. Mit zunehmender Produktion mußte die Fabrik 1874 nach Bridgeport umsiedeln. 1901 wurde die Spurweite 0 eingeführt; sie war schnell ein Verkaufsschlager. 1910 wurde die Bahn von Uhrwerks- auf elektrischen Antrieb umgestellt. Die ersten Loks bestanden aus Eisenguß, die Waggons aus bedrucktem Blech. 1904 wurde das Sortiment um die Spurweite I erweitert, da der Konkurrent Lionel nun auch Bahnen in Spur 0 produzierte. Nach dem Tod von Edward Ives im Jahr 1918 ging es mit der Firma bergab. Ebenfalls aufgrund der Weltwirtschaftskrise wurde Ives schließlich von seinem Konkurrenten Lionel 1930 übernommen. 1932 war der berühmte Name Ives Railway Lines endgültig verschwunden.

Die Lionel Corporation, Ives' schärfster Konkurrent, nahm ihren Anfang im Jahre 1901 im New Yorker Einzelhandelsgeschäft von Joshua Lionel Cowen. 1908 begann er mit der Produktion von Spielzeugbahnen und bald war die Nachfrage so groß, daß man in eine größere Fabrik in Irvington, New Jersey, umzog. Lionel konzentrierte sich auf die Spur 0 und hatte damit großen Erfolg sowohl in Amerika als auch in Europa. Lionel-Lokomotiven waren sehr detailliert und hatten ausgezeichnete Fahreigenschaften – trotz ihrer Konstruktion aus Guß. Sie waren vielleicht nicht ganz so attraktiv wie ihre europäischen Gegenstücke, jedoch recht ansehnlich und vor allem robust.

Obwohl die Produkte der Firmen Ives und Lionel in Europa sehr teuer waren, sind sie auf dem heutigen Sammlermarkt nicht so gefragt wie europäische Marken – was allerdings auch umgekehrt zutrifft.

Unten: *Pullmanzug-Set der englischen Firma Hornby, bestehend aus der Uhrwerkslok „County of Bedford" mit Schlepptender, zwei Pullmanwagen mit Drehgestellen, „Iolanthe" und „Arcadia". In den 30er Jahren kostete das Set ein kleines Vermögen.*

DIE ZEIT NACH 1914

Nach dem Attentat auf den österreichischen Thronfolger Franz Ferdinand 1914 in Sarajevo und dem daraus resultierenden Ersten Weltkrieg mußten die europäischen Spielzeughersteller ihre Produktion auf Kriegsgüter umstellen. Die englische Firma Meccano Ltd von Frank Hornby, die damals in Liverpool ansässig war, mußte z. B. ihre Spielzeugproduktion zugunsten von Munitionsherstellung einschränken. Die geplante Produktion von Modelleisenbahnen wurde verschoben, und 1918 hieß es, daß „alle geeigneten Maschinen für Regierungszwecke zu Verfügung" stehen müßten.

Das Ende des Ersten Weltkriegs mit dem Waffenstillstand und dem Vertrag von Versailles, der Deutschland harte Reparationszahlungen auferlegte, hatte zur Folge, daß die früher so wettbewerbsfähige deutsche Industrie einschließlich Spielzeugherstellern auf dem europäischen Markt kaum noch eine Rolle spielte. Dies kam besonders britischen Firmen zugute, die den bisher von deutschen Firmen gehaltenen Marktanteil übernahmen. Meccano war bereits führender Spielzeughersteller in Großbritannien und nahm jetzt alle Chancen wahr. Im Jahre 1920 verkündete das Meccano Magazine, daß die Produktion von uhrwerk-betriebenen Bahnen vollständig die früher von Kontinental-Europa importierten Produkte ersetzen könne. Weiter hieß es: „Wir sind auf dieses schöne Uhrwerks-Zugsystem sehr stolz und es wird bei den Jungen ein Renner werden." Später ging man sogar so weit, die Kundschaft davor zu warnen, daß „ausländische Spielzeugbahnen wieder hier auftauchen", und erklärte, daß der Käufer sich nur dadurch schützen könne, beim Kauf von Spielzeug unbedingt auf britische Produkte zu bestehen.

Trotz der Vorbehalte gegenüber allem, was aus Deutschland kam, war es für Frank Hornby klar, daß ein langfristiger Erfolg nur gewährleistet sein konnte, wenn er den Standard der deutschen Spielzeuge der Vorkriegszeit übertraf. Der „Hornby Train" kostete nicht wenig, doch seine Qualität und das Aussehen machten ihn zu einem Verkaufserfolg und bis zur Schließung der Meccano-Fabrik 1980 war es eine der führenden Marken Großbritanniens. Dort sind die Produkte von Hornby heute das, was Märklin-Produkte in Deutschland sind: die von Sammlern begehrtesten Modelle, die auf Sammlermärkten und Auktionen Tausende anlocken und deren Spitzenmodelle vierstellige Preise erzielen.

Trotz der wirtschaftlichen Probleme in Deutschland lief auch hier die Produktion weiter. Der Trend ging zu ungefährlicherem Betrieb – der Betriebsstrom für die elektrisch angetriebenen Bahnen wurde anfangs über Vorschaltwiderstände direkt dem Netz entnommen, an den Schienen lagen lebensgefährliche Spannungen an – und kleineren Spurweiten: 1935, zur Leiziger Herbstmesse, wurde die Spur 00, später H0 (16,5 mm), eingeführt und trat ihren weltweiten Siegeszug an. Märklin wurde über Nacht zum Synonym für Modelleisenbahnen schlechthin. Im Jahre 1929 produzierte man bereits mit 900 Mitarbeitern. Als der Konkurrent Bing Konkurs anmelden mußte, war man unbestrittener Marktführer in Deutschland. Endlich konnte die Spielzeugbahn ihre Kreise unter dem Weihnachtsbaum auch der kleinen Angestellten ziehen und war nicht mehr das Privileg der Villen-Besitzer. Berühmte Vorbilder wie das Schweizer „Krokodil", der „Schienenzeppelin" und die stromlinienförmige Dampflok der Reichsbahn fuhren jetzt auf Spur 0 und H0 durch die Spiel- und Wohnzimmer. Bis Ende der 30er Jahre war das Sortiment von Märklin derart umfangreich, daß man von einer „Systembahn" sprechen konnte. Das von Märklin verwendete 20-Volt-Wechselspannungssystem fand wegen seiner Betriebssicherheit rasch viele Freunde. Heute konkurriert es mit dem Gleichspannungssystem, das fast alle anderen Firmen in ihren Systemen verwenden. Unter den Modelleisenbahnfans ist daraus eine bis heute nicht entschiedene „Glaubensfrage" geworden.

Oben: *Schöne Märklin-Sammlung von Vorkriegs-Fahrzeugen, Spur 0, um 1935.*

Was H0 in Deutschland ist, ist 00 in Großbritannien. Zwar stimmen die Spurweiten überein, jedoch nicht der Maßstab – 1:87 bei H0 und 1:75 bei 00. Hier tat sich vor allem die Firma Bing hervor, deren Produkte sich bis heute unter Sammlern großer Beliebtheit erfreuen. Auch die Firma Trix, die 1935 von Stefan Bing, seinem Sohn Franz und Partnern gegründet wurde, setzte auf diese Spurweite. Als in Deutschland

Links: *Drei bereits gut detaillierte Schnellzugwagen aus Blech, ein Gepäckwagen, ein 1./2. Klasse-Schnellzugwagen und ein Mitropa-Speisewagen der damaligen Deutschen Reichsbahn, Firma Märklin, 1935 – 1942.*

Unten: *Drei eindrucksvolle Dampfloks der Firma Märklin mit elektrischem Antrieb, Spur 0. Dies sind schon eher „Modelle“ und keine „Spielzeuge“, denn sie kosteten schon damals mehr, als man für ein Spielzeug ausgegeben hätte. Heute sind sie sehr gesucht. Ca. 1935.*

Hitler an die Macht kam, verhalf der Amerikaner Bassett-Lowke Bing zur Flucht (er war Jude) nach England, wo er in Northampton die Firma T.T.R. gründete, die großen Erfolg hatte. 1938 brachte Hornby die berühmte „Dublo"-Bahn auf den Markt – „The Perfect Table Railway" hieß es in der Werbung.

Die Spur H0/00 hatte sich endgültig durchgesetzt. Sie war und ist die mit Abstand meistverkaufte Spurweite. Auch für den Sammler sind Fahrzeuge dieser Spurweite der ideale Start für eine Sammlung: Sowohl bei der heutigen Produktion als auch bei den historischen Modellen gibt es hier ein vielfältiges Angebot für jeden Sammler-Geldbeutel. Die Spuren N und Z sind relativ neu – sie sind eher für den Eisenbahnfreund interessant, der auf kleinstem Raum eine komplexe Modellbahnanlage aufbauen möchte.

Die großen Spuren erfreuen sich in den letzten Jahren steigender Beliebtheit – bei denen, die sich die nicht gerade bescheidenen Preise leisten können. Für Sammler in Deutschland ist wohl auch die Spur TT interessant, ein Mittelding zwischen den Spuren H0 und N, die in Berlin hergestellt wurde und nach der Vereinigung große Schwierigkeiten hatte, sich am Markt durchzusetzen. Doch gerade hier findet der Sammler durchaus preisgünstige Sammlermodelle, denn gerade diese Züge führen bis heute ein Schattendasein neben ihren bekannten H0-Kollegen.

Informationen über Sammleraktivitäten wie Tauschmärkte, Börsen etc. findet man in den einschlägigen Modellbahnzeitschriften, die im gut sortierten Zeitschriftenhandel erhältlich sind. Zu den bekannten „Sammlermarken" gibt es auch spezielle Sammlerkataloge, die über die gesamte Produktion der jeweiligen Firma informieren, Sammlerpreise nennen und die meisten Loks und Waggons abbilden.

Neben dem Alter, der Seltenheit und der Beliebtheit eines Modells spielt der Erhaltungszustand bei der Bewertung eine große Rolle. Originalverpackte Modelle erzielen um ein Vielfaches höhere Sammlerpreise als abgenutzte oder defekte Stücke. Besonders achten muß man darauf, ob ein Modell aus Zinkguß an der sogenannten Zinkpest, einem schleichenden Korrosionsvorgang, leidet, der oft erst nach Jahren einsetzt und mit der völligen Pulverisierung des betreffenden Gußteils endet. Ein Mittel, diesen Prozeß zu stoppen, gibt es bisher nicht. Weitere Mängel, auf die zu achten ist, sind mögliche Hinterrostungen der Lackierung, die den Lack abplatzen lassen können sowie Reparatur oder Restaurierung mit nicht originalen Ersatzteilen. Zur Identifizierung helfen die Abbildungen in den Sammlerkatalogen.

Mitunter können – wie wir es vom Briefmarkensammeln kennen – winzige Detailunterschiede aus einem billigen Massenmodell eine gesuchte Rarität machen. So erzielte eine Diesellok von Märklin in den Farben der Luxemburgischen Staatsbahnen einen vielfach höheren Sammlerpreis als die völlig baugleichen Modelle der belgischen und dänischen Eisenbahnen. Hingegen sind die „Sondermodelle", mit denen heute viele Modellbahnfirmen den Markt überschwemmen,

Unten: *Personenzug-Set der britischen Firma Hornby aus den Meccano-Werken in Liverpool, um 1935.*

Oben: *Drei hervorragend modellierte britische Dampfloks für die Spur 0: die „King George V" von Bassett-Lowke, die „866" der Southern Railways von Bassett-Lowke und die Uhrwerk-getriebene „County of Bedford" von Hornby, um 1935.*

nur in den seltensten Fällen die Raritäten von morgen, und so mancher bleibt auf seiner „Spekulationsware“ sitzen. Das gleiche trifft für fast alle von Privatfirmen in Eigenregie bedruckten „Sammlermodelle“ zu. Hier gilt es sorgfältig die Spreu vom Weizen zu trennen, sich vor einem Kauf zu informieren und sich – besonders auf Tauschbörsen – nicht von einem vermeintlichen „Schnäppchen“ verlocken zu lassen.

Vor einigen Jahren waren auch die normalen Flohmärkte oder Kleinanzeigen in Tageszeitungen und Werbezeitschriften noch gute Möglichkeiten, so manches interessante Stück zu einem günstigen Preis zu erstehen. Doch auch diese Quelle ist fast versiegt, und man braucht schon viel Glück, um hier noch ein schönes Teil zu einem nicht überteuerten Preis zu finden.

Oben: *Hornby Dublo-Güterzug mit elektrisch angetriebener Dampflok, hergestellt von Meccano im Jahre 1950.*

Links: *Neuzeitliche Blecheisenbahn für kleine Kinder, hergestellt in Ungarn.*

SOLDATEN UND ANDERE FIGUREN

Miniaturen üben eine starke Faszination auf spielende Kinder und erwachsene Sammler aus. Sie imitieren die Wirklichkeit. Daher haben sich Spielzeughersteller in unserem Jahrhundert den Menschen-Figuren allgemein und den Soldaten-Figuren besonders gewidmet.

Das Herstellen von Figuren hat eine lange Tradition – angefangen vom alten Ägypten, wo die Pharaonen ganze Heere von miniaturisierter Dienerschaft samt Werkzeugen und Tieren mit ins Grab bekamen – über alle Zeiten, Länder und Kulturen. Was für die Mädchen die Puppenkinder, das waren für die Jungen meistens die Abbilder von Erwachsenen. Typisch für diesen Bereich sind die Spielzeugsoldaten, doch auch friedlichere Themen wie Bauernhöfe, Zoos und Zirkusse wurden gern hergestellt. Alles diente dazu, die Phantasie und Lernbegierde der heranwachsenden Generationen zu stillen. Entsprechend war diese Art Spielzeug sehr stark von Moden und aktuellen Entwicklungen geprägt. Wie stark etwa die Soldaten im Spielverhalten der Jungen früherer Epochen dominierten, läßt sich an Kinderbüchern und Geschichten ablesen. Denken Sie nur an den „Standhaften Zinnsoldaten" in Andersens Märchen. Die Kinder konnten durch ihre Spielzeug-Armeen bereits Nationalgefühle entwickeln und auch taktisches Vorgehen lernen. Beides waren wesentliche Eigenschaften, wenn man bedenkt, daß viele der spielenden Jungen der Mittelschicht später die militärische Laufbahn einschlugen. Herrschten früher die Soldaten vor, so traten etwa während der letzten zwanzig Jahre entsprechende Massen von Weltraum-Figuren und Phantasiegestalten auf den Plan.

Eine Figuren-Sammlung einzugrenzen ist schwierig, da viele andere Spielsachen wie Modelleisenbahnen, Autos und Flugzeuge oft nebenbei zusätzlich mit

Links: *Mignot 1. Reich. C.B.G. Mignot beanprucht für sich, der erste Hersteller von Vollguß-Spielzeugsoldaten zu sein. Die Geschichte der Firma reicht bis Lucotte in die Revolution zurück. Napoleon und sein Stab stehen in der ersten Reihe. Gewehre und Bajonette werden bei dieser Art von Figuren leicht verbogen oder abgebrochen. Die abgebildete Gruppe wurde 1988 bei Phillips, London, für umgerechnet 1300 DM verkauft.*

Figuren ausgestattet waren. Dazu gehörten Fahrer, Personal, Passagiere etc. Es ist oft nicht genau festzulegen, wo die eine Art Spielzeug aufhört und die andere anfängt. Spielende Kinder haben diese Probleme durchaus nicht, wenn sie etwa ihre Zinnsoldaten mit einem Fahrzeug ganz anderer Machart transportieren. Selbst nicht zusammenpassende Maßstäbe stören dann nicht. Erst wir Erwachsenen mit unserem Perfektionismus bemühen uns um immer naturgetreuere Modelle. Hierbei handelt es sich jedoch weniger um Spielzeug im eigentlichen Sinn.

Da Spielzeugsoldaten zu allen Zeiten sehr beliebt waren, begannen die meisten Hersteller auf diesem Gebiet und brachten erst später weitere Themen dazu. Wichtig für die Produzenten war einerseits die billige Massenproduktion großer Mengen von Teilen, so daß jedes Kind ganze Armeen zum realistischen Spiel zur Verfügung hatte, andererseits bemühte man sich sehr um Realismus, die Freude fürs Auge an detaillierten Uniformen, leuchtenden Farben und heldenhaften

Oben: Eine historische Armee von Heyde. Diese deutsche Firma war die Konkurrenz von C.B.G. Mignot und gestaltete ihre 45 mm hohen Figuren nach der preußischen Armee Friedrichs des Großen, seiner Verbündeten und Gegner im Siebenjährigen Krieg um 1760. Die abgebildete Armee brachte 1984 bei Phillips, London, umgerechnet etwa 8400 DM.

Gesichtsausdrücken. Die einfachsten Figuren kamen unbemalt auf den Markt. Aus dieser immensen Auswahl – wobei verbesserte technische Möglichkeiten jeder Epoche weiter zur Detaillierung und Verfeinerung der Figuren beitrugen – kann der Sammler sein Spezialgebiet wählen.

Schon vor unserem Jahrhundert spielten die Kinder mit Zinnsoldaten. Sie waren meist in Kleinformat sowie im Vollguß hergestellt. Nach und nach ergaben sich immer mehr Größen und Herstellungsweisen. Soldaten sehen wie in der Realität am besten en masse aus. Entsprechend stellten die Firmen ganze Serien mit allen militärischen Rängen, in die Uniformen ver-

Links: *Verpflegungs-Einheit von Heyde mit Stahlhelmen. Die Heyde-Figuren der Nummer 2 waren 45 mm hoch, die Pferde im Vergleich zu den Reitern oft etwas zu klein. Das interessante Set trägt in der originalen Schachtel die Nummer 680. Diese Zahl bezieht sich auf enthaltene Komponenten wie die Versorgungswagen, die mit Soldaten in den unterschiedlichsten Uniformen kombiniert wurden. Die Einheit umfaßt offenen Wagen, geschlossenen Wagen und Leiterwagen, sie war jeweils mit einem Offizier, zwei Mann Kavallerie, einem Radfahrer, Hunden und sitzenden Soldaten sowie Fußvolk kombiniert. Insgesamt bestand es aus 24 Stücken. Die Wagen bestehen aus Blech, die Figuren aus einer gegossenen Bleilegierung. Der erzielte Preis von 600 DM war erheblich niedriger als erwartet.*

Rechts: East Kent Regiment in Khaki-Uniformen. Nur wenige Figuren in dieser Version existieren noch. Man nimmt an, daß um 1900, zur Zeit des Burenkrieges, das Set 16 in den Farben der Uniformen gestrichen wurde, wie sie in Südafrika zum Einsatz kamen. Das abgebildete Set besteht neben sieben Wachsoldaten aus einem Offizier, einem Trommler und einem Hornisten. Trotz einiger abgebrochener Helmspitzen und Bajonette würde ein vollständig erhaltenes Set wie dieses umgerechnet etwa 2500 DM einbringen. Phillips, London.

Rechts: Auch hier sehen Sie das East Kent Regiment. Es war das Set 16 der Firma Britains und wurde erstmals 1894 hergestellt. Das abgebildete Beispiel umfaßt neun Wachsoldaten und einen Offizier. Vermutlich wurden Trommler und Hornist der Gruppe erst später einverleibt, als die Firma 1895 ihr Trommel- und Hornisten-Set 30 herausgebracht hatte. Im Hintergrund sehen Sie auch die originale Verpackung, die von Sammlern wegen ihrer ansprechenden Gestaltung sehr gesucht ist. Zu diesem Zeitpunkt wurden noch nicht die Set-Nummern mit aufgedruckt. Das geschah erst ab 1898. Das gezeigte Beispiel wurde 1988 für knapp 1000 DM verkauft. Phillips, London.

schiedener Länder gekleidet und mit allem notwendigen Zubehör ausgestattet, in konstanten Maßstäben her. Am populärsten war die Höhe von etwa 54 mm für einen Fußsoldaten. Es finden sich aber Größen zwischen 2 und 10 cm. Größere (die eher an Puppen erinnern) oder kleinere (nicht mehr genügend detailgetreue) Formate sind sehr selten. Den Rahmen einer Sammlung kann der Maßstab, die Herstellungsart oder ein bestimmter Hersteller bilden. Die meisten Enthusiasten beginnen einfach mit bestimmten Objekten, die sie als Kinder besonders interessant fanden oder selber besaßen. Die Sammlung erweitert sich dann ganz nach Lust und Laune. Erst wenn eine Sammlung auf vielleicht 500 oder tausend Teile angewachsen ist, kann sie nach Themen unterteilt oder spezialisiert werden. Wie immer spielt auch der Geldbeutel beim Sammeln eine Rolle. Weit verbreitete Figuren sind oft weniger wert, als man denkt, wogegen ausgefallene Stücke schon einige tausend Mark kosten können.

DIE GESCHICHTE DER PRODUKTION

Zu Beginn unseres Jahrhunderts gab es vier Verfahren zur Herstellung von Metallfiguren:

ZWEIDIMENSIONALE FIGUREN

Zweidimensionale Silhouetten aus Blech zeigten Vorder- und Rückseite der repräsentierten Figur. Viele waren sehr fein gestanzt oder gestochen. Die übliche Größe lag bei dieser Variante um etwa 3 cm.

MASSIVE FIGUREN

Diese wurden aus Blei oder Bleilegierungen, ferner aus Zinn gegossen und waren dreidimensional, oft aus mehreren Teilen zusammengelötet. Es gab sie von ganz klein bis sehr groß. Am populärsten waren Größen zwischen 45 mm und 60 mm. Manche waren nicht ganz dreidimensional, sondern etwas abgeflacht.

HOHLGUSS-FIGUREN

Auch diese Art wurde aus Bleilegierungen gegossen, hat aber im Gegensatz zu den Vollgüssen einen hohlen Kern. So wurde etwa die Hälfte Metall eingespart. Das Verfahren wurde 1893 von William Britains erfunden und bald von anderen Produzenten übernommen. Die beliebteste Größe war 54 mm.

FIGUREN AUS ANDEREN MATERIALIEN

Eine Mischung aus Holz, Klebstoff und Gips, über einem Drahtgestell modelliert, kam ebenfalls zu Beginn unseres Jahrhunderts auf. Zunächst wählte man die Figuren etwa 10 cm groß, später 7 cm.

Auch in diesem Bereich der Spielwarenindustrie war Deutschland führend, dicht gefolgt von Frankreich. Heinrichsen war der größte Hersteller von Flachfiguren, danach kamen Allgeyer und Haffner. Doch schon bald wurden bei den spielenden Jungen ganz dreidimensionale und abgeflacht dreidimensionale Figuren beliebter als die zweidimensionalen. Heyde und Heinrich waren die größten Hersteller von Vollguß-Figuren, doch nahmen beide in Konkurrenz zu britischen Produkten bald auch Hohlguß-Figuren in ihr Programm. Die bekannteste französische Firma war C.B.G. Mignot. Ihre farbenfrohen Soldaten waren etwa 54 mm hoch und oft im Stil der napoleonischen Kriege gestaltet. Noch schöner waren allerdings die Erzeugnisse von Lucotte. Die beiden Firmen fusionierten im Lauf des 19. Jahrhunderts, produzierten jedoch ihre eigenen Sortimente weiter. Ihre Vollguß-Figuren bleiben bis heute das Nonplusultra jeder Sammlung, obwohl deutsche Figuren in gleichen oder etwas größeren Maßstäben ihnen durchaus ebenbürtig sind. Mignot-Modelle werden bis in unsere Tage, allerdings ohne einen wünschenswerten Innovationsgeist, weiter hergestellt und sind daher viel häufiger als deutsche Modelle auf Märkten und Auktionen vertreten.

Nachdem jahrelang Figuren importiert worden waren, entwickelte sich die britische Industrie erst, mit William Britains Entwicklung des Hohlgusses merklich.

Oben: *Ein Flugplatz-Set der Firma C.B.G. Mignot. Dieses Beispiel ist typisch für die lebhaft ausgestalteten, Dioramen-artigen Spielsets, die Henri Mignot nach dem Ersten Weltkrieg zur Belebung des Geschäfts konzipierte. Flugzeuge waren mit die aufregendste Neuentwicklung in den frühen Jahren des 20. Jahrhunderts. Phillips, London.*

Oben: *American Hero. Diese Gruppe von Cowboys und Indianern ist typisch für die American Soldier Company in New York zwischen 1908 und etwa 1930. Typisch waren die mit Scharnier versehenen Blech-Plättchen, auf die die Figuren geklemmt wurden. Dadurch konnte man sie, wenn sie vom Feind „getroffen" waren, umkippen lassen. Am Indianer in der Mitte können Sie deutlich den Scharnier-Mechanismus erkennen. Ursprünglich gehörte auch ein Spielzeuggewehr zu diesem Set, das wahrscheinlich aus den 30er Jahren stammt.*

Links: *Hier sehen Sie einige ausgefallene Formen aus dem größten jemals von Britains produzierten Set. Es trägt die Nummer 131 und besteht aus 275 Figuren in Vollguß. Ganz oben zwei Kamelreiter, wie sie von den Briten im Sudan eingesetzt wurden, die ausschließlich im Set 131 vertreten sind. Wenn das vollständige Set einmal gut erhalten auf dem Markt erscheinen sollte, wäre es etwa 50 000 DM wert. Phillips, London.*

Rechts: *Amerikanische Kavallerie. Die Firma Britains interessierte sich auch für die Herstellung von Figuren außerhalb ihres Sortiments. Besonders in den 30er Jahren gaben manche Sammler Spezial-Figuren in Auftrag. Diese Soldaten – die Gußformen stammen aus einem Buren-Set – wurden einfach in den Farben der amerikanischen Kavallerie bemalt. Diese Sonderanfertigungen, so sie Originale sind, erzielen hohe Preise. Die gezeigten Figuren wurden 1988 für über 500 DM pro Stück verkauft. Der von den Soldaten verfolgte Indianer ist unbekannter Herkunft. Wie er so in typischer Pose am Hals seines Pferdes hängend schießt, ist er aus zahllosen Western bekannt. Das abgebildete Modell ist die einzige bekannte Spielfigur dieser Art. Der Schwanz des Pferdes ist abgebrochen. Dennoch fasziniert die Figur so stark, daß sie in jede Sammlung aufgenommen werden kann und womöglich sogar günstig zu erwerben ist. Phillips, London.*

Oben: *Britains Burg-Set 1394. Dies ist eine der gesuchtesten Produktionen der Firma. Da das Pappgebäude mit einer Doppelreihe Soldaten sehr leicht kaputtging, haben bis heute sehr wenige Pappteile überlebt. Das gezeigte Modell wurde 1988 für über 16 000 DM verkauft. Phillips, London.*

Die Firma Britains produzierte von 1893 bis 1966 und fand viele Nachahmer. Nach 1950 wurden die Metallfiguren allgemein durch solche aus Plastik abgelöst. Viele weitere Länder beteiligten sich im folgenden an der Produktion. Besonders in Amerika wollte man auf elegante Art billiger herstellen als in Europa. Mignot in Frankreich war vielleicht das Unternehmen mit den vielfältigsten Produktionsmethoden unter einem Dach. Diese Firma brachte eine große Auswahl an flachen Figuren auf den Markt, daneben Hohlguß, Stücke aus Aluminium und Plastik, aber auch immer wieder erstklassige Vollguß-Figuren. Die Vermarktung wurde international betrieben. Bekannte Produzenten in den USA waren unter anderem Barclay, Manoil und Grey Iron. Dort wurden – mit der Ausnahme von Warren (1936-1939) – keine Spielzeugfiguren produziert, die sich mit den europäischen Importen messen konnten. Folglich wurden wegen der immensen Nachfrage auch ständig große Mengen aus Europa eingeführt. Gerade deshalb sind die USA mittlerweile der größte Sammelmarkt für alle Arten von Spielzeugsoldaten. Die Sammler in den europäischen Ländern interessieren sich meist ausschließlich für die einheimische Produktion mit entsprechenden Uniformen und Zubehörteilen.

Figuren aus anderen Materialien, wie sie zuerst von der deutschen Firma Hausser mit Elastolin hergestellt wurden, waren in Deutschland in den 20er und 30er Jahren sehr beliebt. Den Höhepunkt erreichte das Interesse vor dem Zweiten Weltkrieg mit vollständigen Armeen und Figuren, die direkt den Parteigrößen nachgebildet waren, die also unverkennbare, individuelle Züge trugen. Man kann sich vorstellen, welchen Leckerbissen sie für heutige Sammler darstellen. Die konkurrierende deutsche Firma Lineol bot ein ähnlich umfangreiches Sortiment, war aber fast noch feiner in der Ausführung. Daneben gab es weitere Hersteller in Deutschland, Österreich, Italien und Belgien, die teilweise bis in die 50er Jahre hinein überlebten. Hausser stellte die Produktion in den 50er Jahren auf Kunststoff um und konnte auch mit diesem Material erstklassige Resultate erzielen. Unter neuen Eigentümern werden die Hausser-Modelle auch heute noch hergestellt. Selbst die alten Lineol-Gußformen sind wieder in Gebrauch, um einige der früher beliebten Modelle zu reproduzieren.

In den 30er Jahren entwickelte man in Frankreich eine Methode zum Gießen von Aluminiumfiguren in Sandformen. Ein Sortiment von 54 mm großen Soldaten wurde von Quiralu, Jouets Philippe und anderen

Links: *Die Sanitäter-Gruppe wurde von Barclay und Manoil gefertigt. Die etwa 8 cm hohen Figuren stammen aus den späten 30er Jahren. Sie repräsentieren Ärzte, Krankenschwestern und verwundete Soldaten. Einzelstücke dieser Art kosten in gutem Zustand um die 40 DM, seltenere Varianten bis zu 1500 DM. Das Foto wurde mit der freundlichen Genehmigung von New Cavendish Books aus dem Buch „The Art of the Toy Soldier" übernommen.*

Unten: *Hier sehen Sie den relativ seltenen Detektiv Nummer 623, Wert etwa 120 DM sowie den Räuber Nummer 524, Wert etwa 90 DM. Das Foto wurde mit Genehmigung der New Cavendish Books aus dem Buch „The Art of the Toy Soldier" übernommen.*

Firmen hergestellt, ebenso von Mignot unter dem Markennamen Mignalu. Quiralu war der führende Hersteller, der dieses Verfahren benutzte, und konnte sich mit seinen ansprechenden Figuren bis in die 50er Jahre auf dem Markt halten.

Bei der Produktion von Spielzeugsoldaten, die wirklich für spielende Kinderhände gedacht waren, konnten sich schon bald nach Aufkommen der Kunststoffe alle anderen Materialien nicht mehr halten. Plastik wurde ab 1947 eingesetzt. Während der letzten Jahrzehnte, ab etwa 1955, wurden Spielzeugsoldaten fast ausschließlich aus Plastik hergestellt und reichen in der Beliebtheit durchaus an ihre älteren Vorbilder heran. Vielfach werden ganze Spiel-Systeme von Soldaten und Kriegsfahrzeugen angeboten, die oft einen viel kleineren Maßstab als die früheren Zinnsoldaten angenommen haben. Auch die ersten Plastik-Versionen aus der Zeit von vor 1960 sind mittlerweile unter Sammlern schon gesucht. Die Markenprodukte der führenden Firmen sind durchaus sammelwürdig: Dazu zählen Elastolin in Deutschland, Starlux in Frankreich, Herald und Britains in Britannien und Marx in

Links: *Warren-Figuren. Das Bild zeigt deutlich die exzellente, bis ins feinste Detail naturgetreue Gestaltung. Die Firma Warren stellte ausschließlich Soldaten der US-Armee in den späten 30ern her. Hier sehen Sie eine herrliche Gruppe Kavallerie mit Standarten, auch dies eine Spezialität der Firma. Die Figuren waren bereits zu ihrer Entstehung sehr teuer und deshalb nicht sehr weit verbreitet. Entsprechend tief muß der heutige Sammler in die Tasche greifen: für die berittenen Soldaten etwa 230 DM pro Stück, für die Standartenträger etwa das Doppelte. Das Foto wurde mit freundlicher Genehmigung von New Cavendish Books aus „The Art of the Toy Soldier" übernommen.*

Oben: *König Georg VI. von England wollte sehen, wie seine Leibwachen wohl in einer alten Helmform wirkten. Er bat die Firma Britains um ein Modell. Es wurde 1989 als die zweitteuerste jemals verkaufte Einzelfigur für über 3000 DM abgesetzt. Die teuerste war ein Modell des späteren Königs Edward VIII. für umgerechnet 3300 DM. Phillips, London.*

den USA. Es gab und gibt auch wieder den Trend hin zu einfacheren, oft unbemalten Figuren für Kinder, die dafür in großen Mengen gekauft werden konnten. Das für Spielzeuge verwendete Plastik ist ungiftig und kann durch Farben nach eigenem Belieben gestaltet werden. Aufwendige Bemalungen in Handarbeit, wie sie früher in den Fabriken ausgeführt wurden, sind in unserer Zeit für Gebrauchsgegenstände, wie Spielzeug, fast unbezahlbar geworden.

Das Aufkommen von Plastikmodellen resultierte auch in einer bunten Auswahl von Modellbaukästen. Modelle zusammenkleben und bemalen wurde eines der beliebtesten neuen Hobbys der 60er Jahre. Firmen, die den Markt mit billigen, bereits im Werk bemalten Figuren beleben wollten, konnten sich in dieser Zeit nicht halten. Selbst ausgeklügelte Produktionsmethoden mit vorgefärbten Plastikteilen schafften es nicht, diesen Prozeß aufzuhalten. Doch es gibt auch Ausnahmen. Zum Beispiel die heute von Elastolin hergestellten 7 cm großen Figuren sind wieder voll bemalt. Zwar löste das billige Plastik die Metallfiguren am unteren Ende der Preisskala ab, am oberen Ende dagegen finden wir gegenwärtig Produkte aus Metall, die durch neue technische Verfahren hergestellt wurden. Als sich durch die verstärkte Sammelleidenschaft die Preise für Metallfiguren in den 70er Jahren aufzuschaukeln begannen, erschien eine neue Art von Vollguß-Figur auf der Bildfläche, die im Stil der alten Vorbilder entworfen war. Diese war speziell als Ergänzung alter Sammelstücke für Erwachsene gedacht, nicht für Kinder.

Viele Unternehmen haben die Marktchancen erkannt und widmen sich jetzt der Herstellung von Spielzeugfiguren. Darunter sind zu nennen Alymer in Spanien, Tradition in England und Mignot in Frankreich. Auch in den USA erlebten die neuen Vollguß-Figuren nach alten Vorbildern einen kurzen Aufschwung. Die englische Traditionsfirma Britains entwickelte eine neue Gußtechnik, bei der die Figuren automatisch gegossen werden und eine billigere Legierung verwendet werden kann, die wir auch von Automodellen her kennen. Sie produziert nun verschiedene Sets speziell für Sammler. Unter anderem werden dabei auch Formen verwendet, mit denen man vor über 40 Jahren erstmals experimentierte. Der Witz ist, daß die alten Originale ursprünglich kaum gesucht waren und zu Spottpreisen erworben werden konnten. Erst mit den Neuauflagen stieg auch das Interesse für die alten Figuren der Firma.

Neben den bisher besprochenen Herstellungsmethoden hat es zu allen Zeiten noch weitere Verfahren gegeben. Soldaten wurden aus Blech, Karton, Holz, Papier und Gips sowie aus sonstigen Rohstoffen gefertigt. Dennoch sind die ausführlicher besprochenen Materialien die für den Sammler lukrativsten Objekte, da sie häufig vorkommen.

HERSTELLER BESTIMMEN

Da man Spielzeugsoldaten sinnvollerweise in größerer Anzahl arrangiert ausstellt, wird meist ein bestimmter Maßstab oder Hersteller gesammelt. Im Angebot der gesuchten Firmen finden sich die verschiedensten Stile in Formgebung und Bemalung, die sich oft nebeneinander nicht gut vertragen. Bei anderen Themenstellungen ist die Masse der Figuren für den Eindruck nicht so ausschlaggebend. Andererseits sind viele Figuren ursprünglich schon innerhalb eines großen Rahmens und mit entsprechendem Zubehör gedacht, so daß ein vollständiges Set eine unerhörte Wirkung hat.

Die Identifikation einzelner Figuren kann problematisch sein, wo der Herstellername nicht unter dem Fuß sichtbar ist. Manche Firmen legten sogar Wert darauf, ihre Firmenzeichen an besonders versteckten Stellen anzubringen. Oft ist es allerdings gar nicht vorhanden. In diesem Fall können Sie den Hersteller nur durch Vergleich mit bekannten Stücken und Feingefühl für den Stil ermitteln. Mit Sicherheit läßt er sich oft nur durch Abbildungen in Katalogen bestimmen. Da viele Hersteller keine Kataloge herausgaben oder einfach keine Exemplare mehr erhalten sind, bleibt die Geschichte so mancher Figur im Dunkeln.

SAMMELWÜRDIGE FIGUREN

Hier gilt wieder wie bei vielen anderen Spielzeugen, daß sich die Sammler in erster Linie für die einheimische Produktion interessieren, die sie selber als Kinder in Händen hatten oder vom Hörensagen kannten. Achten Sie, wenn Sie Objekte erwerben, auch auf die optischen Qualitäten. Je feiner und vorbildgetreuer die Modelle ausgeformt und bemalt sind, desto mehr

Links: *Das Set zur Krönung der britischen Königin Elizabeth (Britains Set 2081) war das größte von der Firma nach dem Zweiten Weltkrieg hergestellte Set. Es umfaßt 228 Figuren. Es wurde nur 1953 verkauft und wird heute kaum jemals angeboten. Wenn auch die große Menge der Figuren beeindruckt, so wurden die meisten doch nicht speziell für dieses Set angefertigt. Komplett würde es mit Schachtel etwa 7500 DM bringen, die einzelne Figur dagegen nur etwa 35 DM. Phillips, London.*

Unten: *Baseballspieler. Dieses Team der Firma Cherilea ist besonders attraktiv, da es neben den militärischen Motiven nur wenige spezifisch amerikanische Gruppen gab. Es würde, falls überhaupt jemals angeboten, zwischen 1300 und 2500 DM oder noch mehr bringen. Das Foto wurde mit freundlicher Erlaubnis von New Cavendish Books aus „The Art of the Toy Soldier" übernommen.*

Freude bieten sie dem Betrachter. Neben den allgegenwärtigen Spielzeug-Armeen bieten andere Themen einen wunderbaren Einblick ins Alltagsleben früherer Zeiten. Hierzu gehören etwa Pferdekutschen mit den verschiedenen Ladungen vom Bierbrauer bis zum Kohlenhändler. Manchmal sind sie bis in alle Einzelheiten nachgebaut. Auch Sportler waren früher als Spielzeug beliebt. Besonders boten sich die Mannschafts-Sportarten als Modelle fürs Kinderzimmer an. Solche Teams wurden bereits kurz nach der Jahrhundertwende produziert. Viele andere Themen luden zu immer weiter ausbaubaren Sammlungen an: Bauernhöfe, Zoos, Zirkusse, Eisenbahnpersonal, Polizisten, Arbeiter, Feuerwehrleute und Tänzer gehörten dazu und sogar die Heilsarmee war vertreten.

Der Einfluß des Kinos war bereits sehr früh spürbar: Vor dem Ersten Weltkrieg bevölkerten Gruppen von Cowboys und Indianern die Kinderzimmer. Besonders in den 50er Jahren waren dann die romantischen Figuren aus allen Epochen der Geschichte beliebt, die auch auf der Leinwand und im Fernsehen ihre Abenteuer bestanden. Einzelne Firmen stellten Sets von Plastikfiguren passend zu Fernsehserien zusammen, die bald eine ganze Industrie von Begleitprodukten wie Comics etc. nach sich zogen.

Der Wert der Figuren hängt heute ab von der Häufigkeit, ihrem ansprechenden Äußeren und der Anzahl der Sammelgebiete, in die sie hineinpassen. Sammler fühlen sich besonders zu ausgefeilten Kompositionen, wie Kavallerie im vollen Ornat, hingezogen. Kinder dagegen bevorzugen zum Spielen handliches Fußvolk und Figuren, die mehr „Action" ausstrahlen. Die billigeren Angebote von einst sind auch heute leichter zu finden als Spitzenqualität. Wenn Sie Zeit und Geduld aufbringen wollen, um zerbrochene Figuren zu reparieren, können Sie mit wenig Geld zu einer umfangreichen Sammlung kommen. Achten Sie immer darauf, daß Sie Figuren im originalen Zustand erwerben. Auch auf dem Gebiet der Spielzeugfiguren sind Restaurierungen und nachträgliche Änderungen nicht immer direkt zu erkennen. Hohlguß-Figuren sind im Vergleich zu massiven Gegenstücken derselben Größe leichter. Die besten Indikatoren für originale Erhaltung sind die Bemalung, der Stil, Farbtöne, die Farbzusammenstellung und Lackoberfläche.

SPIELZEUG AUS SPRITZGUSS

Spielzeug aus Spritzguß in Form von Autos, Lastwagen, Rennwagen und Flugzeugen wurde in besonders großer Vielfalt hergestellt. Bei Sammlern erfreut es sich größerer Beliebtheit als alle anderen Spezialgebiete.

Das typische Spritzguß-Spielzeug ist wohl das Auto aus Metall. Je nach Herstellungsjahr besteht es aus einem oder mehreren Gußteilen und ist zusammengesetzt aus einem Fahrgestell oder einer Bodenplatte, Achsen und Rädern. Die Teile sind miteinander entweder verschweißt oder verschraubt. Die Jungen der 40er Jahre besaßen ganze Schubladen voll davon. Für den erwachsenen Sammler liegt der Beweggrund, solche Spielzeuge zu sammeln, wohl im nostalgischen Wunsch, wieder die Autos seiner Kindheit zu besitzen – selbstverständlich in möglichst gutem Zustand. Heute findet der Liebhaber auf Tauschbörsen und ähnlichenVeranstaltungen noch eine erstaunliche Vielfalt von Sammelobjekten. Meist werden die Fahrzeuge einer bestimmten Spielzeugfirma gesammelt, oder aber man spezialisiert sich auf bestimmte Fahrzeugtypen. Die bedeutendsten Hersteller, deren Typenvielfalt den Aufbau einer eigenen umfangreicheren Sammlung ermöglicht, sind:

Deutschland: Gama, Siku
Großbritannien: Dinky, Corgi, Matchbox, Britains, Spot-On, Lledo
Frankreich: C.I.J. Europarc, Majorette, Solido, Dinky France
Italien: Burago, Polistil, Mercury, Rio
Dänemark: Tekno
USA: Tootsietoy, Mattel Hot Wheels, Ertl
Japan: Dandy, Diapet

Einige dieser Firmen produzierten eine solche Variationsbreite, daß man schon aus einem Ausschnitt der Produktpalette eine eigene Sammlung aufbauen könnte. Ein typisches Beispiel hierfür ist die Yesteryear-Serie von Matchbox, die über 100 Modelle umfaßt, ganz zu schweigen von den vielen Varianten und Aufdrucken, in denen diese Modelle klassischer Automobile erschienen. Es ist ja eine beliebte Methode mancher Firmen, Spielzeugfahrzeuge als Werbeträger zu benutzen und mit ihren Werbeaufschriften zu versehen.

Die meisten Sammler konzentrieren sich auf Personenfahrzeuge und sammeln eine Marke oder bestimmte Typen, zum Beispiel Kleinwagen, Luxuslimousinen, Sportwagen, klassische Modelle. Andere interessieren sich mehr für Nutzfahrzeuge einer Marke oder für Fahrzeuge mit bestimmten Verwendungszwecken, wie Militärfahrzeuge, landwirtschaftliche Fahrzeuge, Busse, Polizei-, Feuerwehr- oder Abschleppwagen. Eine kleinere Gruppe sammelt Off-Road-Fahrzeuge, Rennwagen oder sogar Motorrad-Modelle. Eine weitere Sammelkategorie ist der Maßstab. Ein Erwachsener achtet mehr darauf, daß alle Fahrzeuge einer Sammlung im Maßstab zueinander passen – was für Kinder oder die Firmen selbst eher untergeordnete Bedeutung hat. In der Tat waren die ersten Spritzgußmodelle alles andere als maßstäblich. Man lehnte sich allenfalls grob an einen 1:48-Maßstab an. Größere Fahrzeuge hatten dafür einen kleineren Maßstab! In den 50er Jahren war 1:43 verbreitet.

Rechts: *Der Dinky-LKW „Lyons Swiss Rolls“ erzielte auf der Phillips-Auktion 1988 in London umgerechnet stolze 4700 DM! Die seitliche Beschriftung ist sehr empfindlich; wenn sie beschädigt oder entfernt ist, sinkt der Sammlerwert drastisch.*

LYONS
SWISS ROLLS
J. LYONS & C° L^TD
CADBY HALL. LONDON. W.14.
DINKY SUPERTOYS
by Meccano Ltd.
Made in England
No.
514
GUY VAN
DINKY SUPERTOYS

Oben: Das Dinky-Set Nr. 30, bestehend aus verschiedenen Personenwagen (oben links), brachte über 4700 DM ein, Set Nr. 32, bestehend aus alten Luxuslimousinen, sogar über 6000 DM. Das Taxi-Set Nr. 36 (oben rechts) brachte in Originalverpackung etwa 3300 DM. Dinky-Modelle aus der Vorkriegszeit erschienen immer als Sets von meist einem halben Dutzend. Das Polizeiwagen-Set (unten links) brachte über 1400 DM ein, das RAC-Set (Automobilclub; unten rechts) etwas weniger.

Machbox benutzte den Maßstab 1:72. In den 60er bis 80er Jahren wurde der Maßstab wieder größer, hauptsächlich um die Modelle detaillierter zu gestalten und um höhere Preise verlangen zu können.

Spritzguß-Spielzeug kann auch nach Herstellungsarten oder -zeiten gesammelt werden, um die Entwicklung zu demonstrieren, nach Art der Verpackung oder einfach nur als Spielzeug ohne den Anspruch eines „Modelles". Besonders seit Mitte der 60er Jahre werden bestimmte Figuren bzw. Typen vermarktet (siehe auch Kapitel „Der Einfluß der Medien"). Oder man konzentriert sich auf bestimmte Spieleigenschaften wie beispielsweise Räder mit geringer Reibung sowie phantastische Modelle, um jüngere Kinder als Käufer anzulocken. Der Hauptkunde für die „Modelle" ist jedoch meistens der erwachsene Sammler. Die Vielfalt der Spritzguß-Fahrzeuge erstreckt sich jedoch nicht nur auf Straßenfahrzeuge. Auch Flugzeuge, Schiffe, Eisenbahnen, Spielzeugsoldaten und sogar Puppenhaus-Möbel wurden in dieser Technik hergestellt.

DIE FRÜHEN JAHRE, 1900 – 1954

Die ersten Spritzguß-Spielzeuge stammten von der französischen Firma Simon & Rivolet, die ihre Produkte mit S.R. kennzeichnete. Sie wurden in ausgeklügelten Gußformen gegossen, wobei eine Bleilegierung verwendet wurde, oft zusammen mit einzelnen Teilen aus Weißblech. Diese kleinen Modelle hatten durchaus ihren Reiz. S.R. stellte unter anderem auch Spielzeuggewehre und Fahrzeuge her; im Jahr 1905 waren die Produkte der Firma auf dem Markt eingeführt, nachdem die Produktpalette mit dem billigen Blechspielzeug zu Taschengeld-Preisen komplett war. Die ersten amerikanischen Spritzguß-Spielzeuge sind Samuel Dowst zuzuschreiben, dem Herausgeber einer Chicagoer Handelszeitschrift. Dieser hatte die Idee gehabt, eine Zeilensetzmaschine so umzubauen, daß man damit alle möglichen Miniaturformen herstellen konnte. 1911 produzierte er das erste einer Reihe von beliebten Fahrzeugen, eine kleine Limousine von 47 mm Länge. Einige der Spielzeuge, die er herstellte,

Oben: *Im Jahr 1988 wurde eine fast vollständige Sammlung von Dinky Toys auf der Londoner Phillips-Auktion versteigert. Auf dieser und den nächsten Seiten sehen Sie einen repräsentativen Querschnitt einer solchen Dinky-Sammlung. Oben links das bekannteste Set, das über 5500 DM einbrachte. Das Set mit den Mercedes-Rennwagen (oben rechts) brachte etwa 3000 DM ein. Zwei weitere Sets (darunter) wurden für über 8000 DM bzw. über 13 000 DM versteigert. Von diesem Set existieren über eine Produktionszeit von sechs Jahren verschiedene Lackierungs-Varianten und auch verschiedene Formdetail-Varianten, so daß Sammler hier ein besonderes Interesse zeigen.*

Links: *Dinky-Nutzfahrzeuge aus den 50er Jahren. Die gesuchtesten Nutzfahrzeuge sind diejenigen mit Reklame auf den Seitenflächen.*

Rechts: *Dinky-Busse. Busse sind ein ganz besonderes Sammelgebiet mit einer großen Vielfalt, wie hier zu sehen ist. Die vielen Bus-Modelle von Dinky werden heute für Preise zwischen 100 DM und 250 DM gehandelt (mit Originalverpackung!). Das Geschenkset der Post erzielte hingegen sogar über 1600 DM.*

Unten: *Dinky-Rennwagen, die an die großen Rennen der 50er Jahre erinnern. Von links oben nach rechts unten: Nr. 230 Talbot Lago; Nr. 231 Maserati; Nr. 232 Alfa Romeo; Nr. 233 Cooper Bristol; Nr. 234 Ferrari; Nr. 235 HWM; Nr. 236 Connaught; Nr. 237 Mercedes Benz (zweimal); Nr. 238 Jaguar D; Nr. 239 Vanwall.*

glichen sehr stark denen von S.R. – vielleicht hatte er seine Ideen auch von dort. Im Jahr 1922 produzierte er Möbel für Puppenhäuser mit dem Markennamen Tootsietoy. Die Marke wurde bald so beliebt und bekannt, daß die gesamte Produktpalette diesen Markennamen erhielt.

Viele Spielzeugformen, die sich bis heute erhalten haben, wurden – ähnlich wie gewisse Logos – bereits Anfang dieses Jahrhunderts konzipiert. Meist handelte es sich um „Firmenlogos", die auf der Basis beliebter Comic-Figuren wie „Uncle Walt Wallet" entstanden waren, aber auch um Beschriftungen von Flugzeugen, Militärfahrzeugen und so weiter. Während diese frühen Modelle aus einer Bleilegierung bestanden, setzte sich gegen Ende der 20er Jahre eine Zinklegierung als Basismaterial verstärkt durch. Da sie nicht die gleichen Fließeigenschaften wie Blei hatte, mußte sie unter hohem Druck in die Gußformen gepreßt werden. Ein derartiges Zinkguß-Herstellungsverfahren wird bei Spielzeug auch heute noch angewendet, wobei die Gußapparate natürlich ständig verbessert wurden.

Diese Spritzgußmodelle wurden bald auf dem britischen Spielzeugmarkt eingeführt, da sie den bis dahin üblichen Herstellungsarten überlegen waren. Frank Hornby, der Begründer der Firma Meccano und Hersteller der Hornby-Modellbahnen, hatte 1931 die Idee, „modellierte Miniaturen" herzustellen. Er begann mit Figuren, die zu den Bahnen mit der Spurweite 0 paßten. Im Jahr 1934 erschien das erste Set mit Straßenfahrzeugen: ein Sportwagen, ein Coupé, ein Lastwagen, ein Lieferwagen, ein Traktor und ein Panzerwagen. Obwohl sie noch die Marke „Hornby" tru-

Unten: *Dinky-Set Nr. 28 Lieferwagen. Hiervon wurden 25 Varianten verkauft, die beliebtesten waren die mit den Reklamen „Wakefield Castrol Motor Oil" und „Meccano". Sie wurden für je 3600 DM versteigert, der am wenigsten beliebte mit der Reklame „Swan Pens" für 900 DM.*

Unten: *Verschiedene frühe Flugzeuge von Dinky. Das Set von sechs Tiefdeckern in der gelben Schachtel brachte etwa 1000 DM ein, der Armstrong Whitworth Ensign Air Liner (oben links) wegen Materialalterung hingegen nur 120 DM. Das Mayo Composite Aircraft-Modell mit dem Wasserflugzeug huckepack (oben rechts) ist eines der außergewöhnlichsten Modelle und erzielte trotz Materialalterung ungefähr 600 DM.*

Oben: *Ein frühes Dinky-Set mit Flugzeugen für den französischen Markt. Die Verpackung ist fast schöner als der Inhalt.*

gen, kann man sie als den Anfang der später weltweit bekannten Firma Dinky Toys betrachten, die auch heute noch eine der begehrtesten Marken unter Sammlern ist. Die Produktion weitete sich rasch aus, immer neue Typen kamen hinzu, später auch Flugzeuge und Schiffe. Ende 1934 umfaßte das Sortiment bereits 150 Artikel. Wie auch im *Meccano Magazine* angepriesen, wurde es schon damals bei Kindern populär, „Meccano Dinky Toys" zu sammeln. 1938 umfaßte eine komplette Sammlung 300 Fahr- und Flugzeuge. Die Firma stand bis kurz nach Ende des Zweiten Weltkrieges in Großbritannien fast konkurrenzlos da, alle neuen Produkte wurden begeistert aufgenommen. Doch früher oder später sollte die Konkurrenz auf den Plan treten – in den 50er Jahren war es dann soweit.

WETTBEWERB AUF DEM BRITISCHEN UND DEM EXPORTMARKT, 1954 – 1968

Diese Konkurrenz entstand mit der Gründung der Matchbox Toys, die, ausgehend von der Dinky-Idee, die Fahrzeuge kleiner werden ließen. 1956 wurde die Firma Corgi gegründet, die erstmals auch Kunststoffe benutzte, um verschiedene Teile wie zum Beispiel Fenster herzustellen. Auch in anderen Ländern wurden neue Firmen gegründet. In Deutschland sind die wohl bekanntesten Siku und Gama, in Dänemark Tekno, in Frankreich Solido und in Italien Mercury. Die USA blieben ein großer Exportmarkt, auf dem sich Dinky, Corgi und Matchbox heiße Kämpfe um Marktanteile lieferten.

Im Jahr 1964 wurde Meccano mit Dinky Toys von Lines Brothers übernommen, womit eine komplette Umstrukturierung erst der britischen, dann der gesamten europäischen Spielzeugindustrie eingeleitet wurde. Von 1952 bis 1968 – der Koreakrieg ging zu

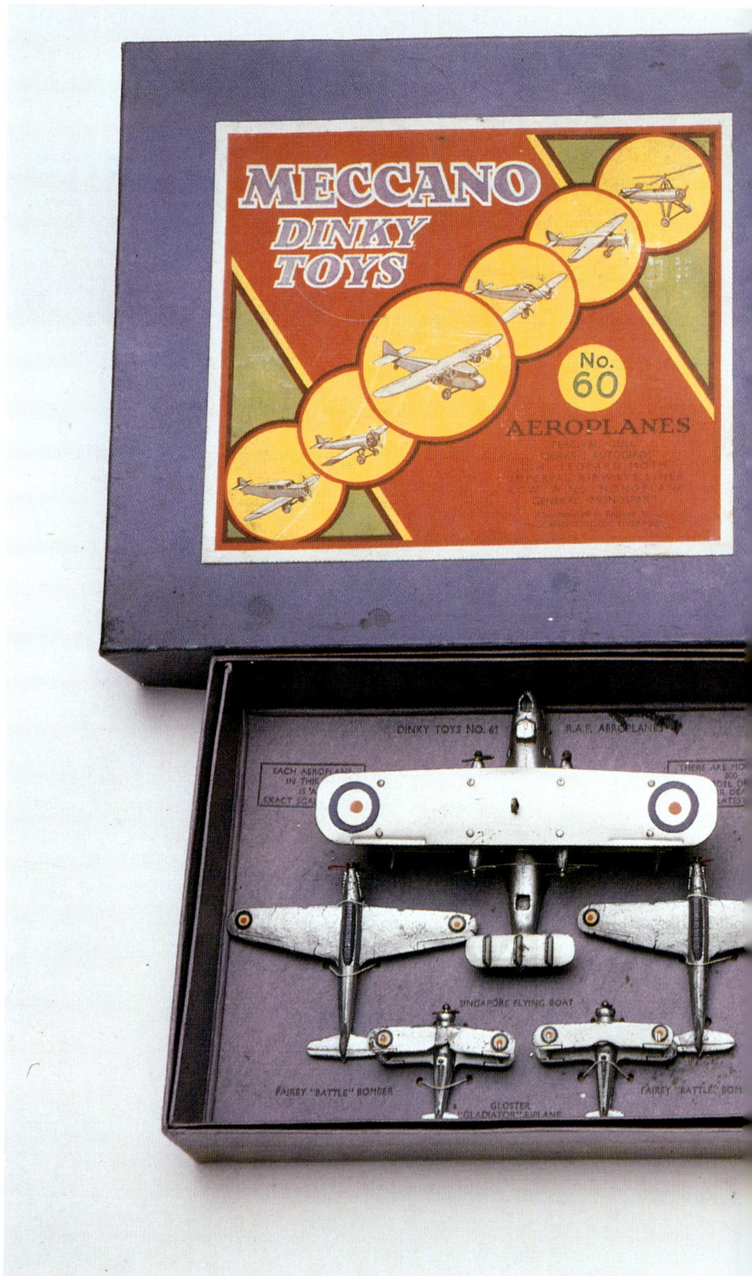

Oben: *Dinky-Flugzeuge waren von Anfang an sehr beliebt und bilden eine faszinierende Sammlung für sich. In der Zeit von 1930 bis 1960 entwickelte sich die Luftfahrt sehr schnell weiter, und die Dinky-Modelle spiegeln diesen Abschnitt der Luftfahrt-Entwicklung hervorragend wider.*

Ende und die Lieferbeschränkungen für Zink wurden aufgehoben – kam die Reaktion der amerikanischen Spielzeugindustrie auf die britische Konkurrenz: die Firma Mattel erfand die „Hot Wheels". Modelle aus Zinkguß stellten die einzige Form von Spielzeugautos dar.

Als Corgi Toys 1956 gegründet wurde, tauchten schnell die verschiedensten Innovationen bei den Modellen auf: eingesetzte Fenster, Federung, aufklappbare Motorhaube, Motor-Imitation, selbstzentrierende Lenkung, aufklappbarer Kofferraum, Scheinwerfer, die durch ein Glas dargestellt wurden, Rücklichter, sogar funktionierende Scheibenwischer. Im Kampf um

Verkaufszahlen wurden die Details immer zahlreicher. Im Jahr 1963 erschien von Corgi das 241. Modell, der Ghia L.6.4. mit aufklappbaren Türen, Kofferraum und Motorhaube, Scheinwerfern, Rücklicht aus Glasstückchen, verchromten Teilen, Klappsitzen, Armaturenbrett, Rückspiegel, Federung und Fahrer bzw. Beifahrer – alles in allem zwölf Neuheiten bei einem Auto, dessen Vorbild nur in sechs Exemplaren existierte, als Modell aber fast zweimillionenmal produziert wurde. 1965 begann Corgi mit der Herstellung von durch die Medien inspirierten Modellen. Zunächst wurde der aus dem Fernsehen bekannte Saint's Volvo nachgebaut. Ein durchschlagender Erfolg wurde das zweite Modell, der Aston Martin von James Bond mit Schleudersitz, versteckten Maschinengewehren und automatischem Kugelschutz, wie er aus dem Film „Goldfinger" bekannt war. Dieses Modell erreichte über vier Millionen Exemplare innerhalb von nur fünf Jahren – im ersten Produktionsjahr blieben die Produktionszahlen weit hinter der Nachfrage zurück. Seit dieser Zeit rückte der Spielwert der Autos in den Vordergrund – eine realistische Nachbildung war hingegen zweitrangig. Trick- und Comic-Motive tauchten in zunehmender Zahl auf. Das *Batmobile,* dessen Produktion 1966 begann, beruhte nur noch auf dem Phantasie-Fahrzeug der Fernsehserie.

Lines Brothers waren mit ihrer Handelsmarke Tri-Ang bereits seit den 20er Jahren auf dem Spielzeugmarkt. Ihre Spielzeugautos waren zunächst aus Blech und später aus Plastik. Die ersten Zinkguß-Modelle kamen im Jahr 1958 auf den Markt – eine Serie von Miniaturschiffen im Maßstab 1:2000. Auch Dinky produzierte vor dem Krieg Schiffsmodelle im Maßstab 1:1800. Später folgten Mercury und Wiking mit Zinkguß-Modellen.

Im Jahr 1959 begann Lines Brothers mit der Herstellung von Spielzeugautos in Zinkguß unter dem Handelsnamen Spot-On. Man wollte sich von Dinky oder Corgi darin unterscheiden und etwas größere Modelle im Maßstab 1:42 produzieren. Die Fahrzeuge sollten qualitativ hochwertig, detailliert und absolut maßstabsgetreu sein. Die Lastwagen wirkten daher ziemlich groß – denn die anderen Firmen tendierten dazu, ihre Lastwagenmodelle maßstäblich eher zu klein zu bemessen. Zur Fahrzeugserie gehörte Zubehör wie etwa das Dorf Cotswold aus gepreßtem Gummi, mit Straßen, Schilder und Garagen sowie das Arkitex-Bausystem. Auf diese Weise ermöglichten die Produkte von Lines Brothers, den Nachbau einer Stadt. Wenn auch nur die Fahrzeuge aus Zinkguß sind, so ist trotzdem eine komplette Sammlung hochinteressant und attraktiv, bietet sie doch einen detaillierten Rückblick in die 50er Jahre.

Leider fand das Spot-On-Sortiment aufgrund seines hohen Preises keine weitere Verbreitung. Nachdem Lines Brothers im Jahr 1964 von Meccano mit Dinky Toys übernommen worden war, bestand dort kein In-

Unten: *Sehr gesuchte Märklin-Fahrzeuge aus der Vorkriegszeit.*

Rechts: *Wunderschöne Kleinsammlung von überdurchschnittlich gut erhaltenen Personenwagen der Frühzeit.*

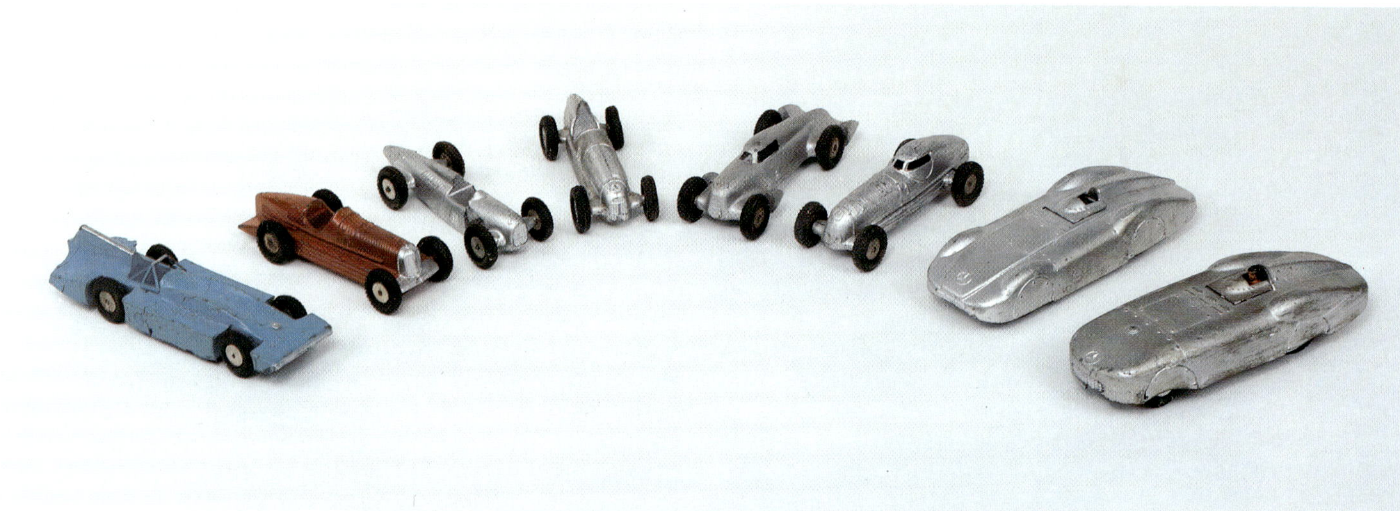

Oben: *Rennwagen von Märklin.*

teresse mehr, die Spot-On-Produktpalette weiter auszubauen. 1968 wurde die Produktion nach Neuseeland verlagert.

Die Firma Lesney begann mit ihrer Produktion im Jahr 1953. Für sie war der Spielwert am wichtigsten. Leslie Smith und Jack Odell waren traditionelle Londoner Spielzeughersteller. Sie beherrschten das Guß-Herstellungsverfahren und planten, eine eigene Produktion von Zinkguß-Modellen zu starten, die billiger sein sollte als Dinky Toys sowie über den Großhandel vertrieben werden kann. Nach eher zögerlichem Beginn stellte sich bald ein Erfolg ein, als sie Modelle der Krönungsfahrzeuge für Königin Elisabeth II. auf den Markt brachten. Über eine Million wurden davon verkauft. Jetzt war das Kapital beisammen, um den Produktionszweig Matchbox Toys zu gründen. Die Idee war, kleinere Autos von etwa 5 cm Länge zu produzieren, die zu günstigen Preisen in einer nur streichholzschachtel-großen Verpackung verkauft wurden. Wie nicht anders zu erwarten, wurden die Produkte bald ein Renner.

Die ersten Modelle waren Nutzfahrzeuge. Ein MG-TD-Sportwagen aus dem Jahr 1956 war der erste PKW. Im Jahr 1960 umfaßte das Sortiment bereits 75 Modelle, eine Zahl, bei der es dann auch blieb, denn jedes neue Modell löste sofort ein nicht mehr so gut verkäufliches ab. Ab 1956 kamen die *Yesteryear*-Modelle hinzu, eine Modellserie, die vermutlich mehr Sammler hat als jedes andere Spielzeug, da sie von Anfang an Kinder und Erwachsene gleichermaßen ansprach.

Matchbox Toys profitierte vom immer stärker werdenden Trend zu kleineren Maßstäben und der wachsenden Beliebtheit der Modellbahn-Spurweite 0 in den 50er Jahren. Die Matchbox-Modelle ließen sich gut als Zubehör in 0-Eisenbahnen integrieren – womit man natürlich auch warb. Lesney produzierte auch Modelle in größerem Maßstab, die dann mit Dinky und Corgi Toys konkurrierten.

Viele andere kleinere britische Spielzeugfirmen verlegten sich ebenfalls auf die Herstellung von Zinkguß-

Oben: *Die hier gezeigten Lastwagen-Modelle sind auch für den weniger betuchten Sammler erschwinglich – nicht so allerdings das Verkehrsschilder-Set, das über 1300 DM kostete.*

Modellen. Die meisten davon versuchten, mit Dinky oder mit Matchbox zu konkurrieren, indem sie deren Preise unterboten, jedoch hatte keine dieser Firmen Erfolg. Auch auf dem deutschen Markt waren die Matchbox-Modelle enorm beliebt und stellten eine starke Konkurrenz zu den einheimischen Siku-Produkten dar. Die Firma Lone Star produzierte neben Autos sogar Eisenbahnen und Schienen in Zinkguß. Der Spielzeugfiguren und -soldatenhersteller Britains begann mit der Produktion von Gewehren, Militärfahrzeugen, Fahrrädern, Motorrädern und – sehr erfolgreich – landwirtschaftlichen Maschinen in Gußtechnik im Maßstab 1:32, passend zu den bereits vorhandenen Figuren. Das Sortiment an Spielzeugsoldaten wurde mit der Zeit immer umfangreicher. Diese Entwicklung hält bis heute noch an.

1967 erreichte die britische Zinkgußspielzeug-Industrie ihren Höhepunkt. Die Firma Lesney beschäftigte 6500 Mitarbeiter bei einer Produktionszahl von fünfeinhalb Millionen Matchbox-Autos wöchentlich. Corgi Toys blieb weit hinter diesen Zahlen zurück. Bei Dinky Toys ging es bereits wieder bergab. Dort blieb die Produktion weit hinter früheren Jahre zurück.

MODERNE ZINKGUSS-MODELLE

Das Jahr 1968 war ein wichtiger Wendepunkt in der Produktion von Spritzguß-Spielzeug. Die amerikanische Firma Mattel brachte ihr Sortiment „Hot Wheels" auf den Markt. Diese Modelle hatten Räder und Achsen mit besonders geringer Reibung, so daß sie mit einem Anschub leichter weiterrollten als die früheren Modelle. Zusammen mit den Plastik„schienen" bekam man fast ein Rennbahn-Gefühl. Binnen kurzer Zeit gelang es Mattel, mit diesen Modellen den Marktanteil von Matchbox um 75 Prozent zu verringern. 1969 drang Mattel auf den britischen Markt vor, was Matchbox zwang, seinerseits mit einer „Superfast"-Serie zu reagieren. Corgi verpaßte seinen Modellen „Whizzwheels". Selbst die etwas langsam reagierende Dinky Toys brachte im Juni 1969 Modelle mit „Speedwheels" auf den Markt.

Die neuartigen Automodelle von Mattel von der Größe einer Streichholzschachtel waren aber nicht nur schnell. Sie – und einige Konkurrenzprodukte – erhielten bald grelle Farben und phantasievolle Zurüstteile, die den Dragster-Rennen abgeschaut waren. Auf erwachsene Sammler machte das natürlich keinen Eindruck, aber die Kinder liebten diese Fahrzeuge. Die früheren Gußmodelle waren zudem solide hergestellt und konnten praktisch nicht kaputtgehen. Daher ließen sie sich dementsprechend für temperamentvol-

Oben: *Attraktive Fahrzeugsammlung, bestehend sowohl aus „Anfängermodellen“ als auch teuren Sondermodellen.*

Links: *Der Vulcan Delta-Bomber ist trotz neueren Erscheinungsdatums eine Rarität: Nur 500 Stück wurden davon produziert. Auch das Material ist ungewöhnlich: Hier wurde aus Aluminium und nicht aus Zink, wie sonst üblich, gegossen. Die Probleme, die damit verbunden waren, führten zu einem baldigen Produktionsstopp. Sehr gut erhaltene Modelle erzielten über 2500 DM auf der Phillips-Auktion.*

le Spielzeug-Rennen hernehmen. Doch die neuartigen dünnen Achsen der Hot-Wheels-Fahrzeuge verbogen sich leicht, wenn man auf sie trat. Man mußte sich nun um Ersatzteile kümmern – dies hatte es bisher nicht gegeben. Mattel ließ auch Autos in Ostasien herstellen – ein Trend, der trotz Automatisierung durch die ständig steigenden Kosten in Europa bedingt war.

Die neuen technischen Entwicklungen sowie die zunehmende Abhängigkeit von Moden machten die Automodelle immer kurzlebiger, so daß schon heute Sammler Mühe haben, ihre Sammlung zu vervollständigen. Der Aufbau einer kompletten Sammlung ist auf dem amerikanischen Sammlermarkt wohl noch am ehesten möglich, da dort die Modelle in den größten Stückzahlen und über weite Zeiträume verkauft wurden. Wie es oft bei interessanten Neuentwicklungen der Fall ist, erweiterten diese den Markt für Zinkguß-Modelle völlig und bald verkauften Lesney's Matchbox Toys genausoviele Modelle wie Mattel. 1982 jedoch bedeutete aufgrund der tiefen wirtschaftlichen Rezession in Großbritannien das Ende für Lesney. Die Firma wurde von einer Firma aus Hong Kong übernommen, die sich seitdem „Universal Matchbox“ nennt und auch schon unter der Marke Dinky produziert. Heute ist dies weltweit der größte Hersteller von Gußspielzeug. Die gesamte Produktion erfolgt im Fernen Osten, wobei als Käufer sowohl Kinder als auch Sammler angesprochen werden.

Nachdem er bei Lesney ausgestiegen war, gründete Jack Odell seine eigene Firma: Lledo. Einige Jahre lang stellte er eine Reihe von Fahrzeugen her, die der Yesteryear-Serie sehr ähnlich waren. Heute ist Lledo die einzige britische Firma, nachdem Corgi vor kurzem von Mattel aufgekauft worden ist. Der heutige Markt für Gußspielzeug ist aufgeteilt – „Modelle“ für Sammler und Jugendliche einerseits und „Spielzeug“ für Kinder im Alter von fünf bis zehn Jahren andererseits. Ein gutes Beispiel hierfür sind die Phantasieroboter, die sich in Fahrzeuge verwandeln können, um diverse Missionen auf der Erde auszuführen. Auch liefern Film und Fernsehen viele neue Vorbilder; eine jüngere Firma Ertl befaßte sich mit der Massenproduktion. Ertl stellte anfangs noch Traktormodelle her, hat sich aber inzwischen auf Batman-Fahrzeuge aus Guß sowie auf vermenschlichte Eisenbahnloks aus Kinderbüchern verlegt.

Um die Sammler bemühen sich mehrere kleine bzw. Kleinstbetriebe wie z.B. „Exclusive First Editions“ mit Lastwagen und Bussen. Größere Firmen legen auch limitierte Serien und Geschenksets auf. Der wachsenden Anzahl von Sammlern steht eine ständig größer werdende Vielfalt von Gußmodellen zur Verfügung, so daß es inzwischen nicht mehr möglich ist, eine vollständige Sammlung aller heute erhältlichen Gußmodelle zu bezahlen. Auch das Angebot wird zunehmend unübersichtlicher.

Oben: *Ein hübsches Paar: lilafarbener OXO-Lieferwagen und knallig gelb-roter Lastwagen der Firma Heinz.*

Unten: *Fernlastwagen von Märklin. Sie sind ein Beispiel dafür, daß auch ganz „normale“ Fahrzeuge Vorbilder für gelungene Modelle sein können und es mit ihren Rennwagen- und Luxuslimousinen-„Kollegen“ durchaus aufnehmen können.*

Unten: *Sammlung verschiedenster Zinkguß-Modelle.*

DER EINFLUSS DER MEDIEN

Die Massenmedien, besonders das Fernsehen, bescheren dem Spielzeugmarkt wahrscheinlich die meisten Neuheiten. Da in diesem Bereich immer neue Arten von Spielsachen und Motiven auftauchen, sei ihnen hier ein eigenes Kapitel gewidmet.

Viele Spielzeugsammler interessieren sich mittlerweile für das Metier, ohne aber unbedingt auf antike oder Vorkriegsspielzeuge zurückgreifen zu wollen. Vielmehr suchen sie Objekte, die ihre Vorbilder in Film und Fernsehen haben. Über diese gibt es im Moment noch wenig Informationen.

Während der letzten beiden Jahre, da uns das Kino eine Dinosaurier-Welle immensen Ausmaßes beschert hat, ließ sich der Einfluß der Medien nachvollziehen: Stars der Leinwand oder des Fernsehens werden nicht nur in allen möglichen Lebensbereichen, sondern auch in allen nur erdenklichen Materialien auf den Markt geworfen. Noch extremer war und ist das Angebot im Bereich der Spielsachen. Dinosaurier aus Plüsch und Gummi, vom Winzling bis zum meterhohen Ungeheuer bevölkern mittlerweile alle Kinderzimmer. Solches Spielzeug wird meistens billig produziert. Es soll dem Hersteller die schnelle Mark bringen, solange die Figur gerade „in“ ist. Sie entstammen dem Fundus der beliebten Helden oder der bekanntesten Schurken der Medienwelt. Die Vorbilder kommen aus Fernsehserien bzw. gerade aktuellen Filmen und Comics. Zunächst waren nur die Amerikaner an dieser Art von, aus den Medien entlehntem Spielzeug interessiert. Vielleicht lag das an der besonderen Popularität der Zeichentrickfilme und Comic strips in den Zeitungen der 20er und 30er Jahre. Doch wie die meisten anderen Moden, so schwappte auch dieser Trend bald nach Europa.

Typen aus Comics, wie der Seemann Popeye fanden sich erstmals in den 30er Jahren in Zeitungen. Bald wurde er zum Helden zahlreicher Filme und noch heute tummelt er sich auf Fernsehbildschirmen. Popeye sowie viele der außerordentlich populären Figuren aus den Walt-Disney-Studios haben die Zeiten überdauert und sind heute auf der ganzen Welt bekannt. Dazu tragen Werbung und gezielte Marketing-Strategien bei. In der Folge sind auch durch diese

Oben: *Eine Mickey Mouse aus Stoff mit weicher Füllung, produziert um 1930 in England von der Firma Dean. Sie ist im Stehen etwa 15 cm hoch und wurde aus Samt und Filz gefertigt.*

Rechts: *Mickey Mouse als Drehorgelspieler. Minnie tanzt bei Betätigung des Uhrwerks. Das Spielzeug wurde um 1930 von der Nürnberger Firma Distler gefertigt, ist etwa 20 cm hoch und 15,5 cm lang.*

MICKEY
MOUSE

Rechts: *Dieses Tivolispiel mit Mickey-Mouse-Aufdruck ist besonders farbenfroh gestaltet. Es wurde um 1950 in England produziert und mißt etwa 61 x 30,5 cm.*

Ganz rechts: *Der griesgrämige Seemann Popeye, aus den gleichnamigen Comics und Filmen bekannt, ist hier in einer Plastik-Version von 1974 zu sehen. Seit Jahrzehnten ist er beliebt. Dieses Exemplar wurde in Hong Kong hergestellt.*

Figuren inspirierte Spielsachen über alle Kontinente verbreitet. Schon ein kurzer Blick in einen beliebigen Spielzeugladen genügt, um festzustellen, wie „aktuell" die Figuren Popeye und Mickey Mouse nach wie vor sind. Dazu kommen auch neuere Film- und Fernsehhelden wie Batman, die Muppets und viele weitere, meist aus dem englischsprachigen Raum übernommene Figuren. Nur wenige davon sind an bestimmte Regionen gebunden, benötigen zur Vermarktung also ihr heimisches Umfeld. Im deutschsprachigen Raum sind auch die kleinen Helden aus der Fernsehwerbung wie die „Mainzelmännchen" oder der hessische „Onkel Otto" nicht zu vergessen, die mit Witz den kühlen Kommerz etwas abmildern. Auch sie sind als Spielzeugfiguren sehr beliebt.

Zeichentrickfilme, die besonders in Europa eingeschlagen haben, sind die Asterix-Filme nach den gleichnamigen Comics. Man kann sicher sein, daß die beliebten Helden und die mit lokalem Ambiente ausgestatteten Nebenfiguren als Modelle bald Einzug in die Kinderzimmer gehalten haben.

Der Batman-Film von 1989 inspirierte eine ganze Industrie zu Nebenprodukten – von T-Shirts bis zu Aufklebern und Spielsachen. Die meisten Produkte sind plump und billig. Dennoch ist wohl zu erwarten,

Rechts: *Der James-Bond-Aston-Martin von Corgi wurde zwischen 1965 und 1968 in mehreren Varianten und Verpackungen vertrieben. Er ist 10 cm lang. Er war auch als Spielzeug mit einigen Tricks ausgestattet, wie beim rechten Modell zu erkennen ist.*

daß die Batman-Figuren und sämtliches Spielzubehör innerhalb der nächsten Jahre trotz ihrer einfachen Plastik-Aufmachung zu einem beliebten Sammelgebiet avancieren könnten. Ähnliche Sogwirkung hatten Georg Lucas „Star Wars-Filme" der 70er Jahre, die massenhaft billige, schlecht produzierte Nachbildungen auf den Markt warfen, die heute bereits ein regelrechtes Sammelgebiet bestücken. Da das Interesse an von den Medien inspirierten Figuren so enorm ist, kaufen jüngere Sammler meist alles in dieser Richtung weg, sobald es in den Geschäften erscheint. Mickey Mouse ist wahrscheinlich die beliebteste und am häufigsten zum Vorbild genommene Figur. Mickey Mouse wurde als Modell von allen Branchen aufgegriffen. Heute ist sie so beliebt wie eh und je. Schon 1930 entwickelte Johann Distler in Nürnberg ein ausgeklügeltes Uhrwerk, durch das eine Mickey-Mouse-Drehorgel mit tanzender Minnie angetrieben wurde. Das Uhrwerk setzt den Arm der Maus an der Orgel in Bewegung. Viele Spielzeuge verlieren, sobald die Figur selber nicht mehr populär ist, jeglichen Reiz. Das trifft für die Distler-Maus nicht zu, der Mechanismus ist auch heute noch umwerfend. Das Spielzeug ist leuchtend bunt angestrichen und zeigt als Illustrationen Lithographien von Mickey und Minnie in lustigen Situationen. Das genannte Objekt erzielte in den letzten Jahren auf Auktionen etliche hundert, wenn nicht gar tausend Mark.

Die meisten Spielfiguren aller Epochen besitzen an einer Stelle ihrer Außenfläche einen Copyright-Vermerk; manchmal auch nur auf der Packung. Popeye-Figuren sollten das Copyright von King Features Syndicate tragen, Mickey Mouse und Kollegen das von Walt Disney Mickey Mouse Ltd. Andere, nicht so genau zuzuordnende Figuren weisen nicht immer ein Copyright auf und sind oft von schlechterer Qualität. Ursprünglich sind die Disney-Figuren zwar in Amerika angesiedelt, doch auch in Europa wurden die Figuren genau wie ihre Vorbilder auf der Leinwand sehr populär und sind mittlerweile entsprechend gesucht. Gerade in den letzten Jahren erfreute sich die Sparte medieninspirierter Figuren auf dem Spielzeug-Sammelmarkt immer größerer Beliebtheit. Historische oder realistisch gestaltete Fernsehserien haben meist den größten Erfolg beim Zuschauer, egal ob sie im In- oder Ausland produziert sind. Spannende Science Fiction, Detektivgeschichten, Krimis und Serien oder Pop-Musiker halten hierbei nochmals die Spitze. Dr. Who, Kojak, James Bond, Starsky und Hutch, Batman, die Beatles und viele andere finden sich in vielfältigen Variationen als Spielfiguren wieder. Einer der Renner der letzten Zeit ist Alf, das wuschelige Weltraum-Wesen mit den coolen Sprüchen. Nach wie vor gilt hier, daß die meisten Serien wie auch Spielzeughelden vom Ausland übernommen werden, besonders aus dem englischsprachigen Raum.

Unter den Metallguß-Spielzeugen haben die Firmen Dinky und Corgi einen guten Ruf. Sie produzieren in erster Linie britische sowie amerikanische Modelle. Eines der berühmtesten und gesuchtesten Beispiele

Rechts: *Action-Figuren wie die gezeigten haben ihre Vorbilder in Science-Fiction- und Phantasy-Filmproduktionen. Sie sind seit den 70er Jahren als Spielzeug beliebt.*

Unten: *Die Katalogseiten zeigen einige beliebte Fahrzeuge aus Film- und Fernsehserien. Sie wurden von der britischen Firma Corgi hergestellt. Unter anderem ist ein James-Bond-Wagen, der Flitzer von Batman und Chitty Chitty Bang Bang vertreten. Dazu kommen die geländegängigen Fahrzeuge der Urwald-Serie Daktari mit den passenden Figuren.*

Oben: *Thomas, die Lokomotive mit Gesicht – ein Trend, der sich bei uns noch nicht durchgesetzt hat, in Großbritannien aber mittlerweile alle Spielzeuggeschäfte überflutet. Das Copyright liegt bei William Heinemann und Britt Allcroft (Thomas) Ltd, 1984, 1986. Die lustigen Gefährte sind meist aus Plastik gefertigt, hier sehen Sie aber auch gegossene Modelle.*

war Corgis 1965 herausgebrachter Aston Martin. Der Wagen wurde genau dem Vorbild aus dem James-Bond-Film nachgebaut. Der goldfarbene Flitzer war ein heißbegehrtes Spielzeug, ließ er doch die gesamte Extravaganz und Eleganz seines Film-Besitzers auf den spielenden Jungen übergehen. Das Beispiel des Aston Martin zeigt auch, wie begehrt ältere Stücke sind.

Die Produktionen der letzten Jahre werden sich wohl erst noch einen Markt erobern müssen. Viele Hersteller machten sich allerdings nicht die Mühe, ihre Vorbilder genau nachzuahmen. Solche billigen Produkte fanden daher sowohl unter den Kindern der entsprechenden Epoche ebensowenig wie unter Sammlern der entsprechenden Epoche, Anhänger. Etliche Modelle – zum Beispiel die genannten Autos aus James-Bond-Filmen – waren von mehreren Firmen als gewinnverheißend erkannt und nachgebaut worden. Doch die Qualitätsunterschiede wirken sich heute extrem auf die Sammlerpreise aus. Ein gutes, detailgetreues Modell desselben Vorbilds erzielt einen mehrfachen Preis als ein schlechtes. Dabei ist natürlich zu beachten, daß die Spielzeuge bei ihrer Herstellung auf verschiedene Altersstufen von Kindern ausgerichtet waren. Bereits sehr kleine Kinder konnten für Spielsachen, deren Vorbilder sie aus den Medien kannten, gewonnen werden. Hier brauchte dann die Detailtreue nicht allzu genau zu sein.

Innerhalb des riesigen Gebietes Spielzeug ist das Sammeln von Figuren der genannten Art sicher befriedigend und interessant. Heute erscheinen oft schon gleichzeitig mit den Filmen bzw. Serien Begleitprodukte in den Spielzeugläden. Die Hersteller gehen von einer gegenseitigen Beeinflussung beider Medien aus. Auch wenn das die meisten Sammler nicht direkt betrifft, muß man sich doch vergegenwärtigen, daß dies alles ein gigantisches Vermarktungkonzept ist, eine Strategie, die uns unsere Vorlieben schon vorgibt und die Erfolge bereits vorprogrammiert.

Unten: *Batman-Spielzeug von Ertl. Batman ist eine eingetragene Handelsmarke von DC Comics Inc. Der Eigentümer erhält Tantiemen bzw. Lizensgebühren von allen mit diesem Markennamen verbundenen Spielzeugen und sonstigen Teilen.*

TIPS FÜR SAMMLER

Was Sie auch sammeln mögen, einige Grundregeln gelten überall: Je besser der Zustand des Objekts, je näher er dem Ideal „fabrikneu" kommt, desto interessanter ist er für Sammler. Im Fachjargon spricht man meist von „vorzüglicher" Erhaltung.

Wenn das Stück nicht gerade fabrikneu ist, kleine Kratzer oder minimale Gebrauchsspuren aufweist, wird der Erhaltungszustand meist als „sehr gut" charakterisiert. Weist das Stück dagegen richtige Gebrauchsspuren vom Spiel auf, ist aber weder beschädigt noch ausgebleicht, also insgesamt durchaus ansehnlich, so spricht man von einer „guten" Erhaltung. Stärkere Spuren auf immer noch sammelwürdigen Objekten definiert man als „mittelmäßige" Erhaltung, alles darunter als „schlecht". Die letzte Kategorie umfaßt also alles von noch fast sammelwürdig bis hin zu vollkommen zerstörten oder unbrauchbaren Objekten. Solche Teile werden von Sammlern meist nur noch als Ersatzteilspender erworben, können mit etwas Glück jedoch vollständig restauriert in die Sammlung integriert werden. Die genannten Kategorien von „vorzüglich" bis „schlecht" beziehen sich auf den – meist in irgendeiner Weise lackierten oder sonstwie gefärbten Gegenstand. Wirkliche Beschädigungen wie Risse oder Brüche sollten in Beschreibungen als solche extra vermerkt werden. Seriöse Händler tun dies in ihren Versandkatalogen auch.

Manchmal treten durch Material- und Produktionsfehler bereits bei der Produktion Schäden auf. Je nach Art handelt es sich dabei um kaputte Objekte, Ausschußprodukte oder um Varianten, die mit der Zeit zu unbezahlbaren Raritäten werden. Beim Briefmarken- und Münzensammeln kennen wir das Phänomen, daß seltene Fehldrucke oder -prägungen astronomische Preise erzielen.

Natürlich suchen die meisten Sammler Spielzeug in fabrikneuer Qualität. Dieses ist oft bis zu dreimal so teuer wie die gleichen Stücke in „sehr guter" Erhaltung. Namhafte Händler bieten beim Versandkauf ein Rückgaberecht, falls der Käufer mit dem Zustand der Ware nicht zufrieden ist oder sich von der Beschreibung im Katalog irregeleitet fühlt. Bei Auktionen können Sie allerdings bei schriftlichen Bestellungen nicht immer mit dieser Kulanz rechnen. Am besten sieht man sich hier nach wie vor das Angebot persönlich an.

Unten: *Der Bausatz Nummer 2 von Meccano kam in den 30er Jahren auf den Markt. Die unterschiedlich ausgestalteten Details waren so konstruiert, daß sie alle ans gleiche Fahrgestell paßten. So konnten mit dem universellen Fahrgestell verschiedene Automodelle zusammengebaut werden. 33 cm Länge.*

Oben: *Vier schön erhaltene Flugzeug-Sets der Firma Dinky. Auch die originale Verpackung ist noch vorhanden, was den Reiz der Sammelstücke erhöht.*

Nicht alle Händler halten sich an die oben angegebenen Begriffe, doch von den meisten werden sie verstanden. Wenn Sie weniger klar umrissene Beschreibungen wie „ausgezeichnet", „1a" oder „herrlich" finden, vergewissern Sie sich lieber vor Ort über den wirklichen Zustand eines Objekts, das Sie erwerben möchten, bevor Sie unangenehme Überraschungen erleben.

Oft geben die Händler in Versandkatalogen vorne eine genaue Definition der von ihnen verwendeten Terminologie. Bedenken Sie überdies, daß sich Begriffe wie „vorzüglich" nicht immer am Absoluten, sondern am allgemeinen Niveau des überhaupt Angebotenen orientieren. Allgemein gilt: Je genauer und länger ein Gegenstand im Katalog beschrieben ist, desto wertvoller wird er normalerweise sein.

Jede Art von Spielsachen ist, durch den Produktionsprozeß bedingt, anfällig für ganz bestimmte Schäden. Auf diese sollten die Objekte vor dem Kauf besonders untersucht werden. Porzellanpuppen haben leicht Brüche und Sprünge. Kunststoffe neigen zu Oberflächenschäden oder Brüchen. Textilteile werden gerne von Motten angefressen. Papierspielzeuge und Schachteln haben oft Schäden durch Insekten oder Mäuse. Blechspielzeug rostet leicht, die aufgedruckten Bilder können zerkratzt oder abgerieben sein. An Gußteilen blättert der Lack manchmal ab, sehr filigrane Elemente brechen gerne. Zinkgußteile leiden manchmal an der gefürchteten Zinkpest, bei der sich die Legierung nach und nach in feine Brösel auflöst.

Sonstiges Metallspielzeug ist oft mit einer schützenden Emailschicht überzogen. Diese blättert und springt ebenfalls oft ab. Dadurch sehen viele Plastikteile so zerkratzt, abgestoßen und mitgenommen aus, Aufkleber lösen sich, feine Radachsen brechen schnell ab. Vielfach entdeckt man an Metallteilen auch feine Haarrisse, die bereits durch eine falsche Legierung oder sonstige Fehler im Produktionsvorgang vorprogrammiert sind.

Plastikspielzeug wirkt schnell abgegriffen. Farbe blättert leicht ab, die Teile sehen oft angekaut, geschmolzen oder irgendwie arg mitgenommen aus. Hartplastik-Sorten brechen sehr leicht. Die manchmal für bessere Lackierbarkeit dem Plastik beigemischte Kreide verstärkt diesen Effekt noch. Die angeblich unverwüstlichen, unzerbrechlichen Spielzeugsoldaten bezeugen oftmals genau das Gegenteil.

Spielzeug in vorzüglicher Erhaltung ist zweifellos für den Sammler die beste Wertanlage. Wollen Sie dagegen mit durchschnittlichen Mitteln eine gute, repräsentative und auch umfangreiche Sammlung zusammen stellen, werden Sie nicht ausschließlich vorzüglich erhaltene oder fabrikneue Objekte kaufen. Auf manche fehlenden Teile in erstklassiger Erhaltung können Sie entweder ewig warten oder die nächstbessere „Erhaltung“ nehmen. Mit der Zeit lassen sich schlechtere Stücke immer wieder durch bessere austauschen. Sehen Sie die Sammlung nicht als ein starres Ganzes, scheuen Sie sich nicht, weniger attraktive Teile wieder abzustoßen, sobald sich bessere einfinden.

Für Sammler mit kleinerem Geldbeutel sind fabrikneue Objekte manchmal unerschwinglich. Bedenken Sie in diesem Fall, daß relativ gut erhaltene oder restaurierte Beispiele die Geschichte des entsprechenden Spielzeugs ebensogut dokumentieren. Wenn Sie sich mehr mit dem Hintergrund beschäftigen und nicht ausschließlich nach der Optik gehen, haben Sie sicher nicht weniger Spaß an Ihrem Hobby.

SCHACHTELN

Die Schachteln, in denen das Spielzeug ursprünglich die Fabrik verließen, machen das Sammelstück eigentlich erst komplett. An die Spannung beim Öffnen der geheimnisvollen Geschenke unterm Christbaum, in denen man eine verlockend bunte Spielzeugschachtel fand, die man genußvoll langsam aufmachte, wird man sich auch als Erwachsener immer gerne zurück erinnern. Originalverpackungen von Geschenken sind daher fast ebenso begehrt wie ihre Inhalte – am besten natürlich ebenfalls in fabrikneuem Zustand. Die Erhaltung von Schachtel und Spielzeug sollten im Idealfall ähnlich sein. Das ist leichter gesagt als getan, da Schachteln natürlich noch schneller beschädigt wurden und man früher auf ihre Erhaltung nicht achtete. Das Nonplusultra ist ein noch originalverpacktes Spielzeug, dessen Hülle praktisch noch nie geöffnet wurde. Bei Soldaten-Sets können Sie leicht feststellen, ob sie schon einmal aus der Verpackung genommen wurden: Wenn nicht, sind die Fäden, mit denen sie befestigt sind, noch nicht zerschnitten (obwohl auch die Fäden neu eingeschnürt sein können; das erkennt man leicht, wenn nicht die originalen Fäden verwendet wurden).

Die am Anfang genannte Bewertungsskala gilt für die Verpackungen gleichermaßen. Wenn ursprünglich irgendeine Art von Futter oder Polsterung zur Packung gehörte und jetzt fehlt, sollte dies extra angemerkt sein. Auch wenn die Schachtel ein beschädigtes Etikett hat, muß darauf hingewiesen werden; ebenso auf alle Veränderungen wie Kindergekritzel, Eigentümervermerke oder Reparaturen. Kaputte Schachteln dagegen können alle Arten von Schäden aufweisen und tragen sowieso nicht zum Wert des darin enthaltenen Spielzeugs bei.

Nicht alle Spielsachen wurden ursprünglich in Schachteln verkauft. Viele heute angebotene Teile gehörten zu einem Set mit einer einzigen Schachtel. Einige Spielsachen wurden im halben Dutzend verpackt an die Spielzeughändler geliefert und lose verkauft, wiederum andere zu mehreren Dutzend (zum Beispiel Zinnsoldaten). Solche En-gros-Verpackungen gehören – wenn sie auch noch vollständig bestückt sind – zu den gesuchtesten Funden auf dem Sammlermarkt. Meist stammen sie aus alten Warenlagern. Manche Spielzeuge wurden ohne jegliche Hülle ange-

Links: *Auch Kuriositäten wie die Heilsarmee fanden in Form von Modellen Eingang in die Kinderzimmer. Ausgefallene Sets wie das gezeigte sind bei heutigen Sammlern besonders beliebt. Die Figuren wurden nicht unbedingt als ganzes Set verkauft, sondern ausschließlich durch das Londoner Zentrum der Heilsarmee abgegeben, um Spenden einzubringen. Heute zahlt man für das Set etwa 4300 DM. Doch mittlerweile sind so viele Sets aufgetaucht, daß in den nächsten Jahren kaum mit Preissteigerungen zu rechnen ist. Einzelfiguren in gutem Erhaltungszustand erbringen zwischen 120 und 250 DM. Phillips, London.*

Unten: *Ebenfalls ein sehr ausgefallenes Motiv für ein Spielzeug ist Britains' Set 25Z, ein Elefant mit Führer, reitenden Kindern und Howdah (Rückensitz) für den Elefanten. Obwohl die Teile erst 1954 produziert wurden, ist dieses reizende Motiv aus dem Zoo-Sortiment der Firma sehr gesucht. Ein Exemplar mit der originalen Schachtel wechselte 1990 für umgerechnet über 400 DM den Besitzer.*

liefert oder dem Käufer in irgendwelchen alten Kisten überreicht.

Schachteln spielen eine wichtige Rolle zum Bestimmen mancher Spielzeuge. Besonders solche, die aus dem frühen 20. Jahrhundert stammen, geben wertvollen Aufschluß darüber, wer was verkaufte oder neu verpackte. Oft kam es nämlich vor, daß mehrere Hersteller ganze Sortimente an Großhändler und Händler abgaben, die die Stücke dann unter ihrem eigenen Namen verpackten oder weitergaben. Manche der gesuchtesten Spielzeuge gehören dazu. Der ursprüngliche Hersteller kann in vielen Fällen heute nicht mehr ermittelt werden. Für die Zeit nach dem Zweiten Weltkrieg geben die wechselnden, aufeinanderfolgenden Verpackungsmoden Aufschluß darüber, welche Farb- und Produktionsvarianten in welcher Reihenfolge angeboten wurden. Vollständige Serien von Verpackungen werden genauso gesammelt wie die Spielsachen selber. Die im Laden so toll und verlockend aussehenden Hochglanz-Schachteln mit Klarsicht-Fenstern lassen sich kaum ohne Beschädigung öffnen. Sie werden also entweder im Originalzustand belassen oder man nimmt für das Vergnügen, wirklich mit dem Spielzeug hantieren zu können, die Beschädigung der Schachtel in Kauf.

PREISE UND QUELLEN

Die Preise richten sich nach dem Zustand der Ware. Inhalt und Originalverpackung zusammen erzielen anderthalb- bis dreimal den Preis eines unverpackten Spielzeugs gleicher Güte. Nicht allzu seltene Objekte sind „vorzüglich erhalten" etwa doppelt soviel wert wie „sehr gut" wohingegen „sehr gut erhalten" doppelt soviel einbringen wie „gute". Schlechte und beschä-

Oben: Das Carette-Modell einer Limousine wird mit Uhrwerk angetrieben und stammt von etwa 1912. Es zeichnet sich durch sehr detailgetreue Gestaltung aus.

digte Stücke haben kaum einen Wert, werden aber manchmal als Vorbilder oder Ersatzteilspender gebraucht. Spitzenpreise erzielen lediglich kaum auf dem Markt zu findende Spielzeuge, deren Seltenheit wirklich dokumentiert ist. Dies gilt in erster Linie für die bekannten Hersteller. Weniger bekannte Produzenten erreichen auch mit sehr raren Objekten nicht unbedingt sehr hohe Preise. Fast alle Sammler suchen in erster Linie Produkte der bekannten Firmen, die sich eindeutig bestimmen lassen – was sich natürlich in der Bewertung niederschlägt.

Die höchsten Preise werden abgesehen von Zustand und Material immer für die bekanntesten und optisch ansprechendsten Dinge bezahlt, seien es nun Beatles-Figuren, James-Bond-Autos oder imposante Dampflokomotiven. Kurz gesagt, was man kauft, muß einem auch gefallen.

Was zu seiner Zeit nur ein Gähnen auslöste, wird auch heute die Gemüter kaum erhitzen. Der Preis ergibt sich oft aus der Annäherung des Händlers an die preisliche Vorstellung des Kunden. Manchmal kommen beide allerdings zu keiner Einigung. Wie in jeder anderen Sparte, bestimmen auch beim Spielzeugmarkt Angebot und Nachfrage die Preise.

Im Allgemeinen stehen Ihnen unterschiedliche Quellen für altes Spielzeug zur Verfügung:

VON PRIVAT

Oft ergeben sich schon Sammelstücke, indem man sich bei Freunden, Verwandten, Arbeitskollegen und sonstigen Bekannten umhört und etwas Rummel um sein Hobby macht. Danach bieten sich Anzeigen in Zeitungen und Fachzeitschriften sowie Zettel in einschlägigen Geschäften an.

KAUF

Hinzu kommen Antiquitätengeschäfte, Second-Hand-Geschäfte und Flohmärkte. Meist rennt man sich allerdings die Füße wund, um wenige Stücke billig zu erwerben. Die Frustration ist manchmal groß, da auch Händler diese Möglichkeiten kennen und den Markt meist schon vor dem Laienpublikum „abgegrast" haben. Wenn Sie gleich zu einem Fachhändler gehen, ersparen Sie sich viel Zeit, zahlen aber auch dementsprechend.

Oben: *Die sehr frühe Gruppe von Krankenschwestern mit verwundeten Soldaten brachte 1988 trotz der deutlich sichtbaren Schäden umgerechnet 7000 DM ein.*

Dennoch bleiben auch allgemeine Antiquitätenläden, die in erster Linie Möbel und Wohnaccessoires führen, eine gute Quelle für altes Spielzeug. Einige Städte, beispielsweise Wiesbaden und Nürnberg locken mit ganzen Straßenzügen von solchen Geschäfte eifrige Sammler an.

SPEZIALISIERTE HÄNDLER

Die professionellen Verkäufer wissen meist gut über ihr Sachgebiet Bescheid. Wenn Sie hier einkaufen möchten, sollten Sie sich ebenfalls einigermaßen auskennen, damit Ihnen nicht das Blaue vom Himmel herunter versprochen wird. Lesen Sie die entsprechenden Sachbücher und unternehmen Sie gezielte Schaufensterbummel. Die meisten Händler sind seriös, lassen sich den Service jedoch teuer bezahlen. Damit sich für sie der Aufwand des Herumsuchens und Lagerns lohnt, liegen ihre Preise am oberen Rand der Skala. Wenn finanzielle Mittel keine Rolle spielen, wenden Sie sich an einen guten Händler, um in kurzer Zeit eine respektable Sammlung zusammenzutragen. Hier finden Sie auch am ehesten ein bestimmtes Stück, das Ihnen zur Vervollständigung Ihrer Sammlung gerade noch fehlt. Auch all die kleinen Einzelteile bekommen Sie beim Händler, die auf Auktionen sonst nur im Set oder in größerer Menge abgeben würden. Oft verschicken diese Händler auch Versandlisten, an denen Sie bereits ersehen können, ob sich ein persönlicher Besuch lohnt. Andererseits werden Sie selber bei Händlern doppelte oder überflüssige Stücke los. Erwarten Sie beim Verkauf aber nicht, daß sie mehr als etwa die Hälfte des Preises zahlen, den Ihnen ein begeisterter Privatsammler bieten würde. Jeder Ein- wie auch Verkauf erfordert geschicktes Verhandeln.

TAUSCHMÄRKTE UND SAMMLERTREFFEN

Wurden Tauschmärkte einst ins Leben gerufen, damit Sammler doppelte Stücke miteinander tauschen konnten, so haben sie sich mittlerweile zu richtigen Großereignissen entwickelt. Meist wird heute auch verkauft statt getauscht. Ein Besuch lohnt sich nur, wenn Sie wirklich sehr früh am Veranstaltungsort eintreffen. Die besten Stücke sind oft schon nach wenigen Minuten weg. Jedermann kann einen eigenen Stand eröffnen. Auf diese Art kommen Sie vor dem allgemeinen Publikum in die Räumlichkeiten und haben damit die erste Wahl.

Oft sind auch Händler und Vertreter von Geschäften die nur einen Teil ihres Sortiments dabeihaben, auf diesen Märkten zu finden. Die Preise liegen hier meist etwas niedriger als in den Geschäften, da der Aufwand

Oben: *Das reizende Mädchen-Modell der Firma Kämmer & Reinhardt mit dem etwas abwesenden Blick aus den braunen Augen übt magische Anziehung auf den Sammler aus. Handwerklich perfekte Machart sowie die einprägsamen Gesichtszüge tragen sicher dazu bei, daß das Mädchen bei Auktionen Spitzenpreise erzielt. 1984 wurden etwa 17 000 DM dafür bezahlt. Spitzenmodelle wie dieses sind immer eine lohnenswerte Anschaffung.*

für die Händler geringer ist. Auch bieten sie meist mehr Spielraum zum Handeln. Tauschmärkte sind die beste Gelegenheit, eine große Auswahl an Spielzeug zu sehen und zu vergleichen. Jedes Wochenende finden irgendwo Märkte statt. In den Großstädten werden sie meist sogar regelmäßig veranstaltet.

Denken Sie auch bei Urlaubsreisen eventuell an solche Märkte und planen Sie Termine mit ein. Besonders in Großbritannien und Amerika werden begeisterte Sammler auf ihre Kosten kommen. Doch auch ein schneller Ausflug über die Grenzen in die diversen Nachbarländer kann sich lohnen. In vielen Städten werden allgemeine Spielzeugmärkte abgehalten, auf denen Sie alle in diesem Buch vertretenen Spielsachen finden. Manchmal spezialisieren sich die Anbieter auch weiter, so daß spezielle Puppen-, Auto- oder Eisenbahnflohmärkte zu finden sind. Vergessen Sie schließlich die allgemeinen großen Floh- und Antiquitätenmärkte nicht, auf denen sich durchaus auch Händler auf altes Spielzeug spezialisieren.

AUKTIONEN

Bei Auktionen bestimmen sich die Preise durch die Konkurrenz der Bietenden und können entsprechend stark schwanken. Spezielle Spielzeug-Auktionen werden mittlerweile von vielen Auktionshäusern veranstaltet. Hinweise finden Sie oft in den größten Tageszeitungen, auf jeden Fall aber in den einschlägigen Sammler-Fachzeitschriften. Berühmt sind die Spielzeug-Auktionen der in London ansässigen Firmen Sotheby's, Christie's, Phillip's und Bonham's. Manchmal werden sogar zwischen ganz anderen Versteigerungsobjekten einzelne Spielzeuge angeboten.

Die größten Auktionen sind für jedermann offen – sowohl zum Ein- wie auch zum Verkauf. Nur die von

Links: *Viele Firmen benützten Köpfe der Firma Simon & Halbig für ihre Puppen. Die hier gezeigte mechanische Puppe mit deutschem Kopf wurde aber interessanterweise in Frankreich von der Firma Leopold Lombot fertiggestellt und zeigt eine russische Volkstänzerin – ein wahrhaft internationales Modell! Der Kopf ist mit „1300-0 DEP S und H" gestempelt und war eine Standardform ohne auffallende Besonderheiten. Dennoch ist die Puppe mit ihrem originalen Spitzenkostüm und der Musik-Mechanik ein reizvolles Sammelstück. Bei einer Auktion wurden 1990 etwa 3300 DM dafür bezahlt.*

Unten: *Der Mandarin kann mit dem Kopf nicken. Die frühe exotische Figur der Firma Britains ist typisch für die Jahrhundertwende. Sie zeigt, daß die technischen Kenntnisse für Hohlgußfiguren schon vorhanden waren, bevor die auf diese Weise hergestellten Soldaten den Markt eroberten. Vielfach sammeln deshalb Spezialisten für Soldaten auch andere Spielzeugfiguren dieser Firma, um ihre vollständige Entwicklung zu dokumentieren. Die gezeigte Figur ist etwa 650 DM wert. Phillips, London.*

manchen Clubs veranstalteten privaten Auktionen werden ausschließlich von Mitgliedern frequentiert. Diese sind eher eine Spezialität der angelsächsischen Länder. Dem Verkäufer bieten Auktionen einen guten Rahmen, er wendet sich direkt an den Kunden und erzielt durch die Konkurrenz in der Nachfrage lohnende Preise. Die Kundschaft auf der anderen Seite hat die Möglichkeit, auch größere Mengen oder besonders gesuchte Objekte zu finden – oft direkt vom Besitzer, der das Stück selber in seiner Kindheit erwarb. Händler und Sammler beteiligen sich ebenfalls an Auktionen. Mit Provision und Mehrwertsteuer beläuft sich die Differenz zwischen Ein- bzw. Verkaufspreis meistens auf etwa 30 Prozent. Manche Sammler fühlen sich auf Auktionen nicht so wohl, wo sich alles um angemessene Kauf- und Verkaufspreise dreht. Im Gegensatz zur landläufigen Meinung können auch Auktionären bei der Taxierung durchaus einmal Fehler unterlaufen. Außerdem spielt natürlich die Konkurrenz eine Rolle. Sind zwei der Mitsteigernden besonders interessiert an einem raren Objekt, können sie den Preis weit über jede vernünftige, dem Markt angemessene Grenze in die Höhe treiben. Andere Objekte dagegen gehen unerwartet günstig unter den Hammer. Gerade in der Unvorhersehbarkeit liegt der Reiz von Auktionen. Selbst wenn Sie nichts kaufen, besuchen Sie Auktionen und sehen Sie die entsprechenden Auktionskataloge durch. So können Sie sich umfassend über den Markt in Ihrem Spezialgebiet informieren – abgesehen vom reinen Unterhaltungswert einer Auktion.

PREISE

In vielen Büchern werden unverbindliche Preisempfehlungen gegeben. Diese sollte man berücksichtigen, auch wenn bei älteren Publikationen die Aufschläge für die Inflation fehlen. Die meisten Preislisten enthalten zusätzlich viele allgemeine Hinweise über das Taxieren von Spielzeug. Natürlich können Sie sich nicht darauf verlassen oder gar auf Preisen, die in Katalogen genannt sind, bestehen. Der Preis hängt immer von der aktuellen Situation ab. Jede der in diesem Buch genannten Zahlen – sie sind zur schnelleren Übersicht alle in DM-Währung umgerechnet – stellen nur Verkaufserlöse eines bestimmten Einzelstücks dar. Keinesfalls dürfen sie als strenge Richtlinie verstanden werden.

AUSSTELLEN, SCHÜTZEN, VERSICHERN

Viele Liebhaber geben so viel für die Sammlung selber aus, daß kaum noch etwas für die angemessene Präsentation übrig bleibt. Das ist schade, da ja eigentlich erst zum Spielen griffbereit ausgestellte Spielsachen den Reiz des Hobbys ausmachen. Mittlerweile gibt es zahlreiche gut zusammengestellte Spielzeugmuseen, und auch in Läden kann man sich reichlich Ideen für die Präsentation abschauen. Ein thematisch passend gestalteter Hintergrund, der den unterschiedlichen Stücken einen einheitlichen Rahmen gibt, wirkt im-

Rechts: *Das batteriebetriebene Modell der japanischen Firma Namura Toys in Tokio wurde in den 50er Jahren auf den Markt gebracht. Es war einem zeitgenössischen Ford-Modell nachgebildet. Länge 23,5 cm.*

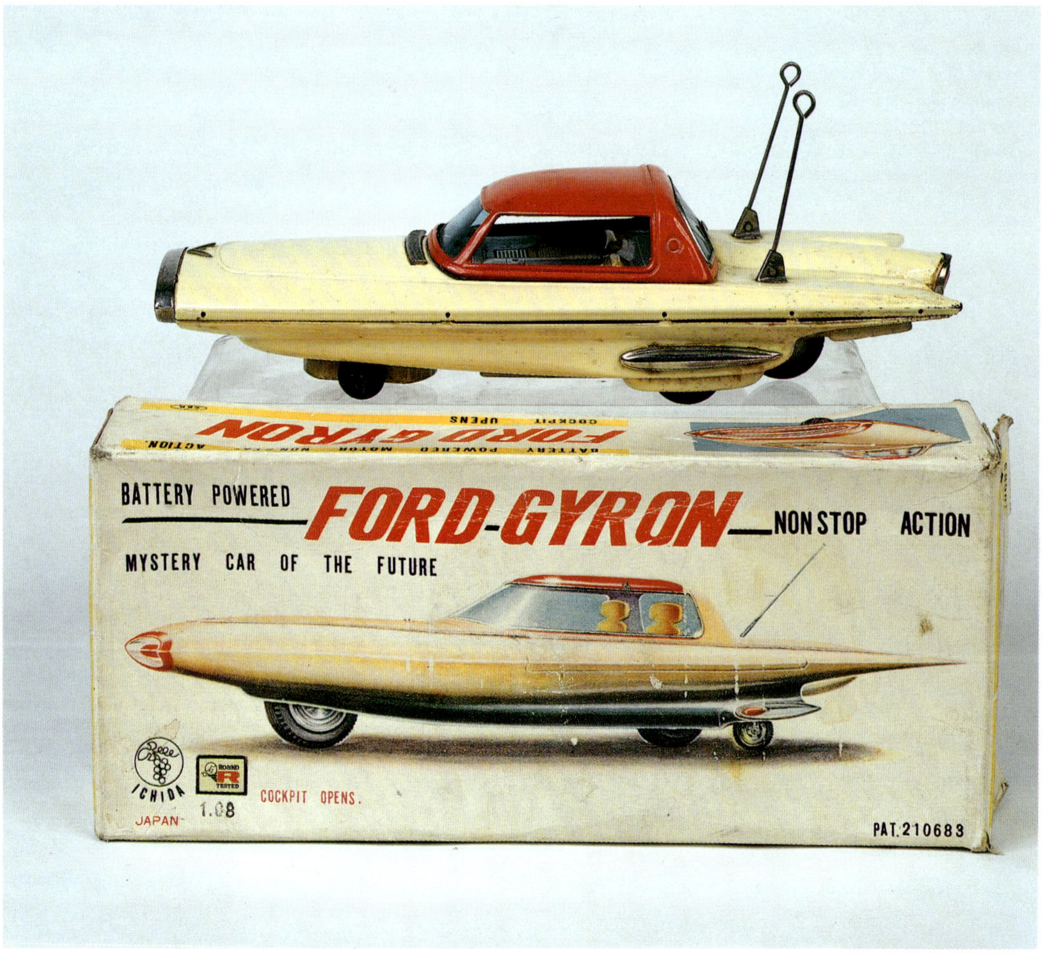

Links: *Das futuristisch angehauchte Modell „Ford-Gyron" ist ein Produkt der japanischen Firma Ichida. Es bewegt sich in leicht taumelnden, unberechenbaren Bewegungen vorwärts, wobei sich die Fahrerkabine öffnet und schließt. Es stammt von etwa 1955 und ist 27,5 cm lang.*

mer gut. Die Sammlung strahlt durch derartige Maßnahmen mehr Ruhe aus. Schaufenster-Attrappen bringen einen Hauch von Aufregung der Kindheit zurück. Gruppieren Sie die Ausstellungsstücke sinnvoll, so daß sie eine Entwicklung demonstrieren oder Gegensätze zeigen.

Schützen Sie die Sammlung vor Feuchtigkeit, die besonders Metallteile und Verpackungsschachteln angreift – zumal bei der heutzutage oft mit Schadstoffen angereicherten, aggressiven Luft. Achten Sie auf Trockenheit und gleichzeitig gute Belüftung. Viele Sammler lagern ihre Objekte bei Zimmertemperatur in großen Pappschachteln. Der zweite Feind ist der Staub. Entstauben Sie Ihre Objekte also regelmäßig. Bei ausgesprochen wertvollen Sammlungen sollten Sie ebenfalls an die Sicherheit denken. Am besten machen Sie den Wert nicht publik. Alarmanlagen oder sonstige Vorkehrungen werden so unauffällig wie möglich angebracht. Bringen Sie die Sammlung am besten im Wohnhaus, nicht in Nebengebäuden unter. Wenn Sie die Stücke versichern möchten, müssen Sie sie für die Versicherung schätzen lassen. Die meisten Auktionshäuser und anerkannten Experten übernehmen das gerne gegen Bezahlung. Wie hoch Sie die Sammlung versichern lassen, liegt bei Ihnen. Versicherungen sind teuer und lohnen sich nur bei wirklich unersetzlichen, wertvollen Sammlungen.

RESTAURIERUNGSARBEITEN

Bisher sind wir davon ausgegangen, daß das gesammelte Spielzeug beim Kauf im Originalzustand war, daß also seit es die Fabrik verließ, keine Änderungen vorgenommen wurden. Doch oft – das liegt in der Natur des Spielens – wollten die kleinen Besitzer ihr Spielzeug durch Bemalen, Ankleben von zusätzlichen Details, neue Kleidung für Puppen und so weiter „verschönern". Objekte mit solchen Veränderungen gehören für den Sammler in die Kategorie „schlechter Zustand". Manchmal ist es schwierig, eine solche Veränderung von einer seltenen originalen Farbvariante oder ähnlichem zu unterscheiden. Doch meist sind die Zufügungen ohne weiteres erkennbar. Viele Sammler unterteilen ihre Stücke in die Kategorien „völlig unverändert", „mit Zustimmung des Herstellers verändert" und „ohne Zustimmung des Herstellers verändert". Dies bezieht sich besonders auf Farbvarianten, Abziehbilder und Werbeaufdrucke. Sehr beliebt sind solche Additionen bei Autos und Modelleisenbahnen. Restaurieren ist erlaubt und manchmal sinnvoll, solange man nicht den Zustand eines fabrikneuen Spielzeuges vorzutäuschen versucht. Viele Sammler und Restaurateure vermerken die Restauration auf der Unterseite des Objekts, so daß bei einem späteren Verkauf keine Zweifel aufkommen. Die Aufgabe ist sehr zeitraubend, lohnt sich aber besonders für Sammler, die sich fabrikneue Objekte nicht leisten wollen oder können.

REGISTER

Kursive Seitenzahlen verweisen auf Abbildungen